New Media

新媒体·新传播·新运营 系列丛书

U0745671

新媒体
视觉营销

视频指导版

文胜伟　宋巍　陈永遥◉主编

王蓓蓓　李明祥◉副主编

人民邮电出版社

北京

图书在版编目（CIP）数据

新媒体视觉营销：视频指导版 / 文胜伟，宋巍，陈
永遥主编. -- 北京：人民邮电出版社，2020.9
（新媒体·新传播·新运营系列丛书）
ISBN 978-7-115-54135-2

Ⅰ. ①新… Ⅱ. ①文… ②宋… ③陈… Ⅲ. ①网络营
销 Ⅳ. ①F713.365.2

中国版本图书馆CIP数据核字(2020)第092013号

内 容 提 要

新媒体环境下，人们面对大量的信息逐渐失去了阅读的耐心，因而衍生了基于受众视
觉体验的新媒体视觉营销。新媒体视觉营销通过刺激受众的审美感官来提高受众对营销信
息的浏览欲望，进而达到推广商品或服务的目的。本书首先介绍了新媒体视觉营销的基础
知识，然后对新媒体视觉营销的基本原则和基本要素进行了讲解，最后从文字、图片和视
频 3 个方面对新媒体视觉营销进行了全面的讲解，以提高读者对新媒体视觉营销的认识和
操作能力。

本书可作为院校视觉营销相关课程的教材，也可供有志或者正在从事新媒体营销或视
觉营销相关工作的人员学习和参考。

◆ 主　　编　文胜伟　宋　巍　陈永遥

　　副 主 编　王蓓蓓　李明祥

　　责任编辑　侯潇雨

　　责任印制　王　郁　马振武

◆ 人民邮电出版社出版发行　　北京市丰台区成寿寺路 11 号

　　邮编　100164　电子邮件　315@ptpress.com.cn

　　网址　https://www.ptpress.com.cn

　　廊坊市印艺阁数字科技有限公司印刷

◆ 开本：700×1000　1/16

　　印张：13　　　　　　　　　　2020 年 9 月第 1 版

　　字数：262 千字　　　　　　　2025 年 1 月河北第 6 次印刷

定价：59.80 元

读者服务热线：**(010)81055256**　印装质量热线：**(010)81055316**
反盗版热线：**(010)81055315**
广告经营许可证：京东市监广登字 20170147 号

PREFACE

////////// 前 言 //////////

一、编写目的

　　新媒体的快速发展虽然为企业、商家或自媒体等提供了越来越广阔的营销空间，但也加剧了市场的竞争。越来越多的营销者涌入新媒体营销的浪潮中，市场中的同类竞争者越来越多，同质化现象也越来越严重。这不仅使营销者感到压力巨大，受众面对如此繁多的信息也无法快速地分辨它们能否满足自己的需求。此时，一种提高受众对信息的接收度和信息对受众的吸引力的营销方式渐渐兴起——新媒体视觉营销。新媒体视觉营销就是在新媒体环境中基于视觉开展的营销方式，通俗地说，就是通过视觉吸引受众，最终实现营销目的。优秀的新媒体视觉营销可以使营销者建立起自己的品牌，与竞争品牌形成差异，加深受众对自身品牌的印象，唤起受众的兴趣与购买欲。

　　目前，视觉营销已全面应用于新媒体环境，不论是企业、商家还是自媒体，要想在新媒体环境中建立起长久的优势，视觉营销必然是不可或缺的手段。本书立足新媒体环境，对新媒体视觉营销的方法进行了全面的介绍，帮助读者全面且系统地学习，培养读者成长为新媒体视觉营销的高手。

二、本书内容

　　本书内容共6章，每章都详细介绍了新媒体视觉营销的相关知识，具体如下。

- **认识新媒体视觉营销**（第1章）。主要从新媒体、视觉营销的含义，新媒体环境下的视觉表现趋势，视觉营销的价值和新媒体视觉营销的体现，新媒体视觉营销思维，做好视觉营销的准备等方面对新媒体视觉营销的基础知识进行介绍。
- **新媒体视觉营销的基本原则**（第2章）。主要从受众的需求、视觉设计的原则、视觉营销信息的传达、视觉营销创意4个方面对新媒体视觉营销的基本原则进行介绍。
- **新媒体视觉营销的基本要素**（第3章）。主要从视觉设计要素、视觉表现要素、视觉交互要素、品牌营销要素、商品营销要素5个方面对新媒体视觉营销的基本要素进行介绍。
- **文字视觉营销**（第4章）。主要从文字的基础知识、文字视觉营销的要求、文字视觉营销的重心、文字视觉营销的韵律4个方面对文字视觉营销进行介绍。

- **图片视觉营销（第5章）**。主要从Logo、开屏广告图、推广海报图、封面图4个方面对图片视觉营销进行介绍。
- **视频视觉营销（第6章）**。主要从视频的视觉设计、短视频的视觉创意、短视频营销效果的提升3个方面对视频视觉营销进行介绍。

三、本书特点

1．内容全面、丰富，结构合理

本书从新媒体视觉营销的认知入手，全面介绍了新媒体视觉营销所涉及的知识和技能，由浅入深，层层深入。本书的内容由新媒体视觉营销知识和案例展示组成，让读者能更好地将理论与实际进行结合，快速掌握新媒体视觉营销的方法，提升自己的营销能力。

2．案例丰富，形式新颖

本书结合新媒体视觉营销的实际需求进行设计，知识讲解与案例展示、案例分析同步进行，案例丰富、实用。读者可以边学习书中的案例边进行视觉营销设计，也可以在其基础上进行扩展练习，做到学以致用、举一反三。

为了帮助读者尽快掌握新媒体视觉营销的技能，本书还以二维码的形式补充了许多微课资料，读者可以通过手机等移动终端设备扫码观看，以提高学习效率。

3．配套资源丰富，附加值高

书中的"经验之谈"栏目是与新媒体视觉营销相关的经验、技巧。除此之外，本书还配备了PPT、教学大纲、教学教案和题库等资源，读者可以登录人邮教育社区（www.ryjiaoyu.com）免费下载使用。

四、编者留言

本书由四川大学锦城学院的文胜伟、湖北职业技术学院的宋巍、广东女子职业技术学院的陈永遥任主编，重庆城市管理职业学院的王蓓蓓、江西技师学院的李明祥任副主编。由于编者水平有限，书中难免存在不足之处，欢迎广大读者批评指正。

编　者

2020年2月

CONTENTS

目 录

第1章

认识新媒体视觉营销

互联网和数字技术的发展催生了新媒体，新媒体环境下的营销方法多样，视觉营销是其中较为重要的一种方法。它基于人们对美的需求，结合视觉设计手段和营销方法来设计具有视觉吸引力的画面，以强烈的视觉效果来吸引受众，进而传递目标品牌的形象、文化理念和商品信息等。新媒体视觉营销越来越受到营销者的重视，在开展营销工作前，营销者应该对新媒体视觉营销有基本的了解，为后面开展视觉营销工作奠定基础。

1.1 新媒体视觉营销概述

新媒体时代，视觉是受众获取信息的主要途径之一，品牌的形象塑造、商品的宣传推广等都可以通过视觉的形式进行表达。因此，通过视觉来进行营销也成了企业在新媒体营销中的一大利器。然而，新媒体中的信息量是非常庞大的，营销者要想通过视觉营销来吸引受众注意，达到塑造品牌形象、提升商品销量的目的，就要先对新媒体视觉营销有一个基本的认识，了解新媒体与视觉营销之间的关系，以及新媒体环境下的视觉表现趋势。下面将对什么是新媒体、什么是视觉营销、新媒体环境下的视觉表现趋势、视觉营销的价值、新媒体视觉营销的体现、新媒体视觉营销的准则等内容进行介绍。

1.1.1 什么是新媒体

新媒体是相对传统媒体而言的一种新兴媒体，我们可以从狭义和广义两个层面对其进行理解。

① **从狭义上理解新媒体**。可以将新媒体看作继报纸、广播、电台和楼宇广告等传统媒体之后，随着媒体的发展与变化而产生的一种新的媒体形态，如互联网媒体、数字电视、移动电视、手机媒体等。

② **从广义上理解新媒体**。可以将新媒体看作在各种数字技术和网络技术的支持下，以互联网、宽带局域网和无线通信网等为渠道，利用计算机、手机和数字电视等各种终端，向受众提供信息和服务的传播形态，具有媒体形态数字化的特点。

因此，我们也可以将新媒体理解为数字化时代的各种媒体形态，它是一种不断发展、不断变化的产物。新媒体具有以下几个特征。

① **交互性**。新媒体的交互性主要体现在两个方面。一是信息的传输是双向或多向的，信息的传播者与接收者都可以进行信息的发布、分享、点赞与评论，都能最大限度地参与信息的传播；二是信息的控制权掌握在参与传播的受众手中，受众可以选择自己感兴趣的信息进行传播、加工和意见反馈等。

② **数字化**。新媒体以信息技术和数字技术为主导，以大众传播理论为依据，融合文化与艺术，将数字信息传播技术应用到了文化、艺术、商业、教育和管理等众多领域中。从信息传播的角度来说，新媒体数字化包括信息的采集、存取、加工、管理和分发等过程；从信息的表现形式来说，新媒体数字化可以呈现出文字、图像、音频、视频等多种形式。

③ **集成性**。新媒体技术使信息的表现形式更加多元化，受众不再局限于单一的文本、图形、图像等要素，而是可以将文字、音频、图片、视频等融为一体，解决了以往信息传递的单调性问题，使受众能随时随地、无限制地接收信息。同时，新媒体的这种特性还为营销者提供了无限的空间，使他们能够充分发挥其创意与创作能力，创作出更能提升受众视觉体验的作品。

④ **整合性**。新媒体的信息传播不仅需要信息技术、媒体技术，还要结合人文艺术与受众需求。只有在兼具数字信息传播的快速、即时等特点的基础上，通过具有视觉吸引力的内容来吸引受众，新媒体才能最大化地实现信息传播。因此，新媒体的整合性主要体现在它对各种技术、需求的融合上。

1.1.2 什么是视觉营销

新媒体的快速发展虽然为营销者提供了更多的营销方式，但也加剧了营销者的营销推广成本。视觉营销作为一种传播距离较短、传播面较广的营销方式，受到了众多营销者的青睐。若用拆解法来理解视觉营销，则"视"可以理解为眼睛看到的一切，"觉"可以理解为受众的感受和想法，"营"可以理解为营造氛围，"销"可以理解为销售机会。通俗地说，视觉营销就是让受众在视觉上受到冲击，或者在感官上得到美的享受，从而激发受众产生购买欲望的一种营销手段。

1. 视

从受众的角度来说，"视"主要指受众眼睛看到的内容。人是视觉动物，会自动关注更醒目、更特别的事物。因此，从营销者的角度来说，"视"需要打造视觉效果，以吸引受众的注意力。只有先引起受众的注意，让其看到并停留后才能产生后续的转化，否则不管营销内容多么优秀，也无法产生实际的效益。

2. 觉

从受众的角度来说，"觉"主要指受众在看到营销者传播的信息时所产生的感觉。营销者在吸引了受众的注意力后，要通过所传播的信息唤醒受众的记忆点，让受众将关注点聚焦在某个点上，从而形成视觉上的传播记忆点。因此，从营销者的角度来说，"觉"需要唤醒受众的记忆点。受众只有产生了记忆点，才能清晰、简单地传播这个信息，从而降低营销者的传播成本，提高信息传播的准确性。

3. 营

在视觉营销中，"营"指营造氛围。氛围是一种抽象的气氛和情调，是一种心理上的感觉。从受众的角度来说，氛围有利于传达信息，引起他们的情感共鸣；从营销者的角度来说，营造氛围能加强与受众的联系，提升受众对营销信息的感知，进而加深对品牌的印象。

4. 销

"销"是视觉营销的最终目的。通过视觉的设计、展示以及氛围的营造，受众基于对品牌的认可与好感，就会产生消费的欲望，增加商品的销售机会。

新媒体时代，抢占受众注意力是营销者开展营销推广的首要工作，视觉作为传递信息与受众沟通的主要要素，理所当然地占据着营销推广的重要地位。因此，也可以这样理解视觉营销：视觉营销就是通过视觉的冲击和审美来最大化地呈现品牌特色和商品价值，突出品牌的差异，从而达到品牌推广或商品销售的目的。

小罐茶就是一个通过视觉营销来传播其品牌形象，最终提升其商品销量的典型案例。茶向来通过种类和产地进行分类，如西湖龙井、云南普洱等。但小罐茶却通过创新理念，以极具创造性的手法整合茶行业的八大名茶，坚持原产地、原材料、大师工艺，打造了茶行业的新兴品牌。小罐茶通过视频广告来进行视觉营销，抓住受众喜欢喝茶，但难以区分好茶的需求，将小罐茶高品质的茶叶标准展示给受众，让受众了解并对小罐茶产生印象，进而信任它并愿意为它买单。图 1-1 所示为小罐茶视频广告的部分截取内容。广告开头从受众的角度展开，阐述了每个人都很熟悉茶、喝到名茶很容易、喝到好茶却不容易这样的观念。在视频的画面构成上，通过实拍与清新画面的搭配，如嫩绿的茶叶、炒茶等画面引起受众的观看兴趣，然后展示自己的茶品牌——小罐茶，并配以"小罐茶 大师作"的品牌理念和商品包装来加强受众对品牌的记忆；接着镜头转向广阔的高山云海，引出小罐茶的采茶原产地，并依次介绍 8 位制茶大师与小罐茶的制茶技术、制茶理念，加强了受众对商品质量的信任，受众也就愿意为该商品买单。

图1-1　小罐茶视频广告的部分截取内容

1.1.3　新媒体环境下的视觉表现趋势

新媒体技术改变了视觉设计的表现方式，使其可以通过计算机屏幕、手机屏幕等进行展示、传播，这也是当代新媒体环境下受众更喜欢的信息传播方式。在信息爆炸的新媒体时代，营销者要想通过视觉来吸引受众，就要明确新媒体环境下的视觉表现趋势，以制作出美观的、诱人的、准确的视觉效果，提升受众对信息的关注，加强信息对受众的吸引力。

微课：新媒体环境下的视觉表现趋势

1.　平台化

新媒体环境下，视觉表现的形式逐渐集中在以门户网站、搜索引擎、社交媒体、音视频应用等为主的新媒体平台中。

① **门户网站**。门户网站是多元化的、功能丰富的综合性网站，其受众数量众多，信息非常丰富，受众主要通过门户网站进行信息的浏览或网页的跳转。在门户网站中，营销者可以通过制作 Banner 广告图并投放广告来推广品牌或传递商品信息，图 1-2 所示为新浪网首页的 Banner 广告图。

图1-2　新浪网首页的Banner广告图

② **搜索引擎**。搜索引擎是人们搜索信息的主要渠道，它通过网络爬虫在互联网上抓取海量网页信息，并建立索引数据库，当用户搜索时，就将与搜索词相匹配的信息呈现出来。搜索引擎所呈现的这些信息是来自受众的编辑，营销者可以对需要营销的信息进行视觉呈现，将其发布到网上，并通过搜索引擎平台展现给受众观看，以传播企业的品牌形象或商品信息。

③ **社交媒体**。社交媒体是人们用来分享意见、见解、经验和观点的平台，微博、微

信及其他各类社交网站、博客、论坛等都是常见的社交媒体。营销者在这些社交媒体中进行视觉营销时，要根据不同社交媒体的特点来进行视觉效果的制作。以微博为例，微博既可以发布文字、文章、图片，又可以发布视频、开启直播，其内容的视觉表现形式非常多样化，图1-3所示为微博开屏图。而微信则多以公众号封面图、推文、小程序等进行视觉信息的呈现，图1-4所示为微信推文。

④ **音视频应用。** 音视频应用是近年来非常流行的信息呈现形式，网易云音乐、喜马拉雅FM、抖音、快手等都是常见的音视频应用平台。营销者在这些新媒体平台中进行视觉表现时，要注重创意的输出，图1-5所示为抖音短视频的界面。

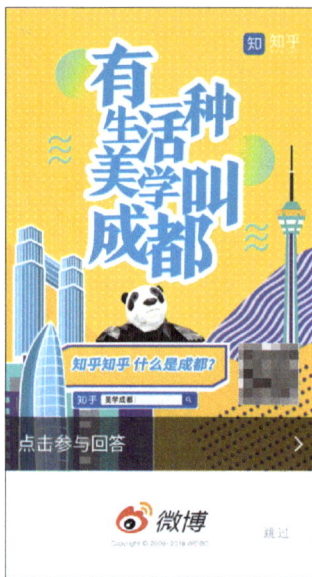

图1-3 微博开屏图

图1-4 微信推文

图1-5 抖音短视频的界面

经验之谈

新媒体环境下的平台众多，每个平台都有不同的特点和受众，营销者在开展新媒体视觉营销前，要结合平台的特点来进行内容的制作，以更有效地达到营销目的。目前，大多数营销者都将微博、微信及各类音视频应用等作为新媒体视觉营销的主要阵地，以吸引更多粉丝，扩大受众规模，营造更强的品牌竞争力。

2. 感官化

平台是信息的视觉呈现桥梁，是一种不受受众视线影响的因素；而眼睛作为新媒体环境下受众接收信息的窗口，决定着受众对所展现信息的视觉感受。因此，新媒体环境下的视觉表现是注重感官的，单纯的美观很难在受众心中留下深刻的印象，而从受众眼睛所能感知的角度出发，呈现出多感官的效果，会最大化地满足受众的多种需求。

视觉、听觉、嗅觉、味觉和触觉 5 种感官构成了人们对事物的感知。这 5 种感官是相互关联、相互转化的，营销者在进行新媒体视觉营销的过程中，应该以视觉感官作为信息传递的主要渠道，辅以其他感官的联系来进行更加完整的、更加生动形象的视觉信息呈现。图 1-6 所示为奥利奥"臻"选抹茶巧克力夹心饼干的视觉效果展示图。图 1-6（a）为了体现其独特的抹茶口味，采用绿色作为主色，很好地通过色彩将商品的颜色与口味联系在一起，让受众在看到图片的第一眼就加深了对抹茶口味的认知，并借助茶的清香味来表现商品抹茶外层的味道，给了受众从视觉到味觉、嗅觉的联系。在商品的表现上，通过融化的、流动的、顺滑的巧克力液体来体现其柔滑的卖点，不仅在视觉上给了受众强烈的吸引力，还将商品柔滑的口感传达给了受众，让受众产生了从视觉到味觉的联想。图 1-6（b）则通过场景的构建营造了一种舒适、恬静的氛围，给受众一种身心放松的感觉，可以充分激发受众展开联想，进行视觉、听觉、嗅觉、味觉与触觉的融合与感知。

（a）　　　　　　　　　　　（b）

图1-6　感官化的视觉表现

3. 人性化

视觉营销的所有工作都是围绕人（即受众）展开的，从受众的需求出发，传递出有情感的、有文化的、有视觉吸引力的内容，引发受众的情感共鸣，才能实现营销效果的最大化。人性化是目前新媒体营销中的主流理念，在新媒体环境下，视觉表现的"人性化"主要是在作品中融入一些人性化的元素，赋予作品人情味，给受众呈现更好的视觉体验，营造更有情感表现力的视觉效果。

营销者在新媒体环境中进行视觉的人性化表达时，可以借助一些手法加强视觉的人性化体现，使其既满足受众的精神需求，与其产生情感共鸣，又能够充分地体现出营销内容。

① **考虑受众的心理特征**。人们对某些事物抱有某一特殊的心理，应用在视觉营销中主要体现为色彩对受众的心理影响，以及受众对某个事物的固有印象。例如，红色给人热情、活力的感觉；绿色给人安全、清新的感觉；松柏给人傲岸、坚强和富有生命力等印象；戒指给人恋爱、婚礼、祝福、美好等相关印象。在新媒体环境中进行视觉表现时，营销者要充分考虑它与受众心理特征的符合情况，选择受众容易接受的或更喜欢的方式进行呈现。图1-7所示的画面就用红色渲染了节日的热闹氛围，并通过玫瑰花瓣与情人节相呼应，给受众一种浪漫、恋爱的感觉。

② **符合受众的浏览习惯**。新媒体时代是一个信息爆炸与流量过剩的时代，受众能看到的信息非常多，为了快速获取自己需要的信息，受众常通过碎片化时间进行浏览，并且浏览速度非常快。受众浏览新媒体信息的视觉轨迹一般都呈"F"形，即从左至右、从上到下，先水平移动，然后目光下移，小范围水平移动，最后垂直浏览。按照这个视觉浏览习惯，受众的视线一般会停留在画面的1/3处。因此，在进行视觉营销时，可以按照受众的这个习惯来安排画面中各元素的位置，使其既能有效地传达信息，又能贴合受众的视觉浏览习惯。图1-8所示的画面就很好地考虑了受众的视觉习惯，先在画面顶部通过文字的排列来引导受众向下浏览，然后在中间通过具有视觉冲击力的内容来吸引受众视线，使其继续深入浏览，并在画面1/3处展示核心信息，很好地应用了受众的视觉浏览习惯来向其传达信息。

③ **考虑受众的精神需求**。新媒体时代，人们越来越重视精神需求的满足。因此，视觉营销要通过视觉设计作品来满足受众的精神需求，如创意需求、娱乐需求、趣味需求、个性化需求、情感需求、审美需求等。以趣味需求为例，充满趣味的内容总能更容易吸引受众的视线，促使他们主动浏览并传播信息，因此，在进行视觉营销时可通过创作具有趣味性的作品来满足受众的趣味性需求。图1-9所示的画面即通过创意性手法进行设计，将春分节气与品牌商品结合起来，将商品拟物化，使其变为翩翩起舞的蝴蝶，并将其置于具有代表性的春分场景——油菜花田中，不仅满足了受众对画面美观的需求，还颇具创意性和趣味性，使受众忍不住浏览、转发。

总的来说，新媒体环境下视觉表现的人性化就是在视觉设计的过程中充分考虑人的需求，将人的感觉、心理和情感等融入设计中，满足人对精神、审美等的追求，从而更好地进行视觉信息的传达。

4. 融合化

新媒体技术和网络技术的快速发展为企业开展视觉营销提供了更多的途径。一方面，新媒体中的视觉信息表现方式——文字、图片、视频、音乐等不再以单一的形式存在，营销者可以充分结合多种表现形式来进行信息的呈现，如微博、微信公众号、今日头条等平台中的推广信息，就充分融合了不同的信息表现形式来进行视觉营销，如图1-10所示。

另一方面，新媒体营销的视觉表现方式更加多元化，视觉设计可以与新媒体营销的各种方法进行充分融合，这也使新媒体环境下的视觉表现具有充分的融合性特征。例如，企业在开展营销活动时，就会制作与活动有关的图片、视频或推广文章来说明活动信息，吸引受众对活动产生兴趣，进而参与活动。图1-11（a）所示为企业在微博中进行营销活动时，结合视觉设计制作的具有强烈视觉吸引力的图片；图1-11（b）则通过与明星合作，采用视频的方式进行企业品牌和商品的宣传，既通过情感故事来引起受众对视频的共鸣，又借用了明星的影响力进行营销信息的传播。

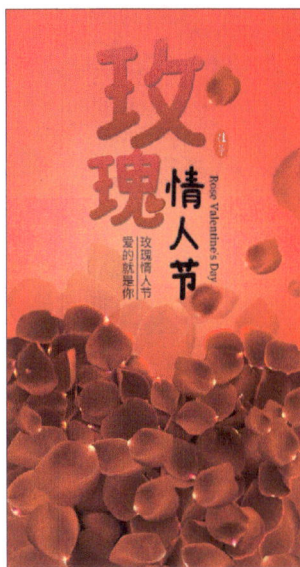

图1-7　考虑受众的心理特征

图1-8　符合受众的浏览习惯

图1-9　考虑受众的精神需求

图1-10　新媒体视觉信息的融合

9

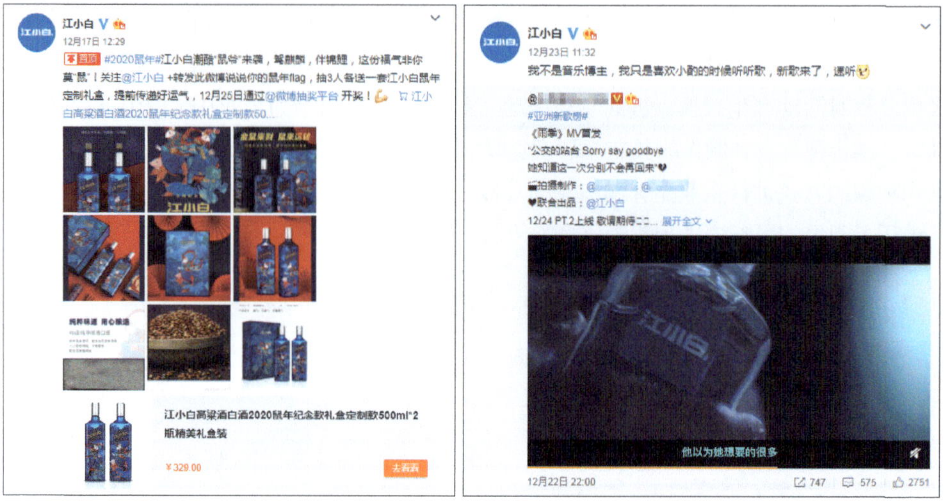

（a）　　　　　　　　　　　　　　（b）

图1-11　活动营销与视觉的融合

又如，企业在借助节日、热点、热门事件等进行借势营销时，通常会发布与节日、热点或热门事件相关的微博，并通过设计具有视觉吸引力的海报来吸引受众的关注，如图1-12所示。

图1-12　借势营销与视觉的融合

5. 互动化

新媒体环境下，视觉的表现形式具有明显的互动化特征，主要表现在两个方面。

一是进行联合营销时，要充分表现出营销者与合作者的信息，主要包括两者的品牌信息、商品信息、活动信息等可视觉化呈现的信息。图1-13所示为饿了么与麦当劳和星巴克进行联合营销，除了通过文字说明必要的信息外，还通过直观的、有视觉吸引力的图片来吸引受众，并通过商品与价格等信息来刺激受众点击，将视觉效果转化为受众的行动，这也产生了营销信息与受众之间的间接互动。

图1-13　联合营销互动

二是受众与视觉信息的互动，主要包括直接互动与间接互动两种形式。直接互动指受众可以直接对视觉信息进行操作。这一表现的直接体现是H5，营销者通过制作H5来向受众传递信息，受众则通过H5中的交互式设计进行操作，与营销者进行互动。图1-14所示为豆瓣"我去2000年"H5的部分效果，该H5以漫画的形式来对比2000年与2019年的流行缩影，最后生成个人报告，以进行其品牌理念的宣传推广。受众在浏览该H5时，可以通过滑动页面底部的三角形按钮翻页，点击"回到2000"按钮进入H5的主题页面，进而进行2000年的场景回忆，并可在画面中点击留声机、书本等按钮进行互动。

间接互动指受众因受到视觉信息的吸引，以回复、点赞、评论、转发、留言等形式进行信息的传播。例如，在视频网站中观看视频时，受众可以边观看视频边发布评论，这些评论以弹幕的形式显示在视频上，可以供其他观看者实时查看。又如某微博非常有趣，受众点赞、转发该条微博，并在该条微博下发表评论。这些评论不仅可供其他人随时查看，还能进行二次评论、二次转发，增加受众对微博内容的讨论度，最终增加该微博的热度，使其传播力度和范围都得到提升，增强营销的效果。

图1-14　豆瓣"我去2000年"H5

6. 多维化

传统媒体环境下，视觉信息的传播方式较为单一，如纸质媒介、电视媒介等。而在新媒体环境下，信息的表现方式和传播方式都变得更加多样化。同时，新媒体技术的发展与成熟也使视觉表现更加多维化，如增强现实（Augmented Reality，AR）、虚拟现实（Virtual Reality，VR）等技术的应用，为新媒体视觉营销提供了更加多维化的实现空间，它能跨越单纯的视觉感受，向受众提供更丰富的、更真实的视觉体验。AR/VR技术既可以应用于线上，也可以应用于线下，线上如VR全景漫游、VR虚拟购物等，线下如VR影院、VR游戏、VR商店等。

图1-15所示为故宫展览App中"天下龙泉"展览的360°虚拟全景展示的部分截图。在该App中，受众只需进入展览，点击"展览全景"即可进入全景展示界面。该界面为虚拟全景展示界面，受众可移动手机、滑动屏幕体验虚拟场景，也可单击底部的按钮进行其他操作，如旋转、切换场景、VR体验等。

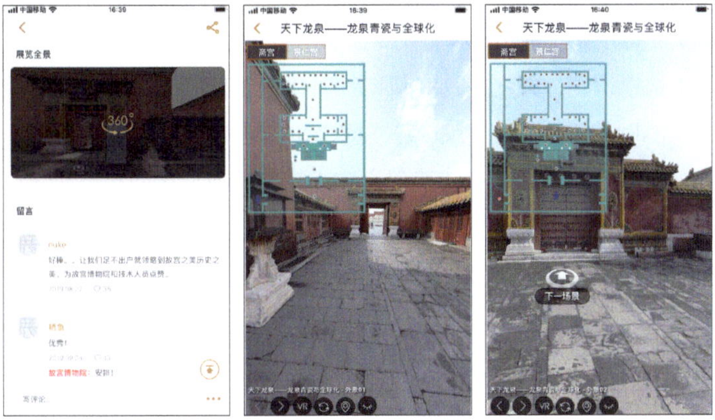

图1-15 "天下龙泉"360°虚拟全景展示

图1-16所示为某餐饮企业为了推广其早餐商品而制作的线下AR/VR大屏广告。该广告先通过强烈的视觉效果吸引受众观看，然后结合AR/VR体感技术，让受众可以跟随大屏幕上的提示动作进行打鸡蛋、搅面粉、摊煎饼等做早餐的真实体验，并将制作的成品同步显示在大屏幕上。这样直观、真实的体验提升了受众的参与度与对广告的接受度。

图1-16 线下AR/VR大屏广告

1.1.4 视觉营销的价值

视觉营销的价值主要体现在两个方面，一是品牌价值，二是数据价值，下面分别进行介绍。

1. 品牌价值

视觉营销可以有效提升受众对营销者所塑造的品牌的认知度和好感度，为品牌带来口碑的累积与潜在的价值。

① **增强品牌识别度**。视觉营销可以充分融合品牌视觉识别系统的各项要素来建立品牌在受众心中的印象，如通过品牌 Logo、品牌代言人、品牌主色调、品牌视觉风格等向受众传达品牌的形象，加深受众对品牌的印象。特别是独特或具有个性的品牌 Logo，更能够让受众在众多品牌中快速识别，或在看到类似事物时快速联想到某品牌，这就大大加强了品牌的识别度。例如，三只松鼠的品牌名称、品牌吉祥物——3 只可爱的松鼠形象的视觉设计就能让受众快速识别它，并使其在众多同类坚果品牌中具有很强的识别度。

② **提升品牌传播度**。品牌的视觉营销如果足够出彩，就可以迅速扩大其在受众中的传播度和好感度，让受众自发地传播品牌信息，甚至增加品牌在行业内与消费者心目中的影响力。例如，卫龙的视觉营销一直颇具创意，它十分善于把握目标受众的心理，通过在视觉设计作品中融入目标受众喜欢讨论的话题，并将"话题点"与品牌联系起来，通过品牌视觉营销进行呈现和表现，最终引起受众的共鸣和好感。

2. 数据价值

视觉营销的数据价值主要体现在流量、转化率、客单价等短期内就可以看到的营销数据上。

（1）提升流量

出色的视觉营销能吸引受众的注意力，提升受众对商品和品牌的兴趣，从而产生点击或搜索等行为，这些行为都能为营销引流。图 1-17 所示的开屏广告，就通过品牌代言人来吸引受众视线，并以代言人手持商品来展示商品外观，在图片顶部通过文案表明品牌信息和商品卖点，受众出于对代言人的喜爱和对商品功能的好奇，会忍不住点击图片，为商品带来流量。

（2）增加转化率

商品或品牌如果在视觉表现上既呈现得当，又很好地体现了营销价值，就可以刺激消费者的消费兴趣，促使其产生购买行为。图 1-18 所示的图片，就通过视觉场景表现了

商品的质感,搭配受众关心的送货时间、优惠券等信息,促使受众扫描二维码进行商品的购买,进而增加转化率。

图1-17 提升流量

图1-18 增加转化率

(3)影响客单价

合理利用各种营销方式,结合视觉设计呈现出具有吸引力的效果,以引起受众的关注并引导其加购商品,如关联销售和营销活动。通过关联销售提高客单价是指针对强关联性的商品,可以通过互补推荐、搭配优惠等方式来提高客单价和转化率。2种不同的商品搭配购买,以享受优惠价的方式来提高客单价,如图1-19所示。任意买3件享8折,通过搭配3件享优惠的方式来提高客单价,如图1-20所示。

通过营销活动提高客单价是指通过搭配销售、满减、满送、换购等营销方式引导消费者购买多个商品,从而提高客单价,如图1-21所示。

当然,也可以通过良好的视觉效果培养受众对品牌的认同度和好感度,增加其对品牌的信任,进而提高其对品牌商品的好感,最终提高客单价。图1-22所示为江小白为迎接鼠年新年而设计的新品纪念商品推广图,它通过美观的色彩搭配与形象的鼠年吉祥物设计来吸引受众,向受众传达其生肖纪念版商品的外观、规格、度数等信息。美观的视觉效果与受众对品牌的信任会让受众对该商品产生了解的兴趣,进而点击推广图下方的商品链接，进入商品详情页面查看商品，并有可能浏览其他的商品，甚至购买更多的商品。

图1-19　商品搭配购买提高客单价

图1-20　买多件提高客单价

图1-21　满减提高客单价

图1-22　品牌好感度提高客单价

1.1.5　新媒体视觉营销的体现

新媒体视觉营销就是通过色彩、图片、文字等元素给受众造成视觉冲击，吸引其关注，增加营销信息的吸引力与传播范围，继而刺激受众的购买欲望，使目标流量转变为有效流量的过程。新媒体视觉营销体现在商品展示和品牌传播的多个环节里，其中品牌、商品、广告是最主要的 3 个窗口。

1.　品牌视觉体现

品牌视觉是新媒体视觉营销的主要方向，通过对品牌视觉的塑造与营销，给受众带来视觉上的冲击，达到使受众记住品牌的目的。特别是当商品或服务都趋于同质化时，如果能够通过品牌视觉来打造优势，就能在激烈的市场竞争中创造更多的盈利机会，并最终实现盈利的目的。品牌视觉可以通过品牌 Logo、品牌字体、品牌主色调、品牌口号、品牌包装等进行体现，如图 1-23 所示。该图是红牛品牌的部分视觉作品图，通过品牌 Logo、品牌主色调（红、黄）、品牌口号（你的能量超乎你的想象、困了累了喝红牛）、品牌外观、运动场景塑造等进行展示，与其能量饮品的品牌定位相符合，能够给受众留下深刻的印象。

图1-23　品牌视觉体现

在进行品牌视觉体现时，应注意以下几个方面。

① **品牌视觉要统一**。构成品牌视觉的各设计要素，如文字、图形、色彩等应该保持统一。以图 1-24 所示的红牛的品牌视觉体现为例，其文字不管是在商品包装还是在推

广海报中都能体现出方正有力的感觉。其宣传视觉画面中，都以商品图片和具有运动感的图形来体现其品牌理念；色彩应用则选取了品牌 Logo 的主色调——红和黄，并在设计过程中根据场景的颜色进行了适当的修饰和调整，如采用黑、白，使其整体风格保持一致。

图1-24　麦当劳

　　② **品牌视觉要简洁**。品牌视觉想要便于受众识别就要保持简洁，以直观的、易于理解的形式进行展示，减少受众的认知负担，尽量向受众传达出品牌的核心价值。比如同样是主营汉堡食品的品牌，麦当劳就比汉堡王在受众心中的印象更深，而从品牌视觉的角度来看，麦当劳以简洁的品牌首字母"M"（见图 1-24）来打造其视觉形象，相比汉堡王的品牌 Logo（见图 1-25）直观，更容易引发受众的联想并产生记忆点。

图1-25　汉堡王

　　③ **品牌视觉体系要全面**。品牌视觉并不是单指品牌 Logo，品牌字体、品牌角色形象、品牌包装等都是品牌视觉形象的体现，要在保证整体风格统一的基础上，不断完善与构建品牌视觉体系，为品牌视觉赋予情感、注入灵魂，从而更好地与受众建立情感联系，提高受众的品牌忠诚度。比如，很多品牌的视觉体现都有角色形象，如三只松鼠的松鼠、天猫的猫、海尔的海尔兄弟等，如图 1-26 所示，这些品牌角色形象常与品牌故事联系起来，通过角色的表情、姿势等来丰富其效果，并可应用在不同的视觉效果场景中，以更好地向受众传递品牌文化。

图1-26 品牌角色形象

④ **品牌视觉要独特**。品牌视觉是品牌形象的代表，如果太过平凡会没有竞争力，不能在受众心中留下印象。因此，品牌视觉要在综合分析受众特征、竞争品牌的前提下，结合自身品牌的文化、理念等进行塑造，使其差异化特征体现得更加明显，视觉效果更加独特，更能吸引受众目光。比如同样是电商巨头品牌的天猫和京东，它们在品牌视觉上的定位就十分具有各自的特色。天猫和京东都是电商品牌，因此选择了能够渲染气氛，符合受众对热情、快乐等的心理感受的红色作为品牌色调的代表色之一。同时在设计自身的吉祥物形象时，天猫搭配黑、白色，以"猫"作为自己的品牌形象，象征着淘气、可爱、灵敏等寓意，与天猫"引领更好的生活趋势"的理念相关联，带给受众理想的时尚生活，如图1-27所示。而京东以红色为主色调，通过"狗"的形象来彰显忠诚、友好的美好寓意，并与京东的品牌理念——正直的品行和快捷的奔跑速度相关联，而"JOY"（京东狗的名字）的字面意思为喜悦欢乐，寓意京东为消费者带来的快乐体验，如图1-28所示。

图1-27 天猫品牌视觉

图1-28 京东品牌视觉

经验之谈

天猫与京东在品牌视觉上既有相似之处，又体现出了各自的不同理念与品牌形象，很好地体现了差异化品牌视觉定位的思想，并将这些视觉符号系统化地应用在企业对外传播的各个接触点中，使之形成自己的风格，成为企业所独有的符号，并让符号深深扎根于受众的心里，给受众留下深刻的印象，这种方式对于自身品牌的传播将起到事半功倍的作用。

2. 商品视觉体现

商品视觉效果的好坏直接与流量和转化率挂钩。成功的商品视觉效果不仅可以带来大量流量，还可以提升商品在同类竞争品中的整体排名，更容易被受众点击，形成展现量、点击率皆高的良性循环。反之，若商品视觉效果不好，则点击率低，排名落后，继而展现量降低，更加谈不上转化。在新媒体视觉营销中，商品视觉主要通过商品图片、商品文案、商品视频、商品陈列等进行体现，下面做简单说明。

① **商品图片**。商品图片是对商品视觉的直观体现，受众可以通过清晰的、高质量的商品图片了解商品的外观、尺寸、颜色等基本信息。图1-29所示为从不同角度拍摄的商品图片，以及商品的细节图片。

图1-29　商品图片及细节图片

② **商品文案**。商品文案是对商品信息、商品卖点和商品功能等的文字介绍。成功的商品文案能够最大化展示商品，提高商品的流量和转化率。商品文案一般与图片配合，通过图文结合的方式从视觉感知上给予受众强烈的刺激，引起他们的共鸣，进而让他们对商品产生信任。图 1-30 所示为典型的商品卖点文案和商品说明文案。从图 1-30 中可看出，文案有主次之分，主文案以大字号进行展示，吸引受众目光，再以次文案进行详细说明，帮助受众了解商品。

图1-30　商品文案

③ **商品视频**。商品视频比商品图片更直接明了，能够使受众更全方位地了解商品信息。视频的展现方式非常简单，同时，视频中又可以包含文案、图片、声音、人物等内容，这些内容可以通过新颖的、有创意的形式进行体现，能够加深视频内容对受众的吸引力，引发他们进行观看、传播。图 1-31 所示的手机商品视频截图，通过炫酷的特效、直观的商品部件展示与简洁的文案，向受众展示了该手机的功能卖点，能够吸引受众观看视频并产生进一步了解的兴趣。

④ **商品陈列**。除了通过图片、文案和视频来进行商品的视觉呈现外，商品的陈列方式也在很大程度上影响了商品的视觉呈现效果。商品陈列指以商品为主体，按照某种规律（如横向或纵向）或艺术表现手法（如线性引导、流程指示等）来展示、摆设商品，以引起受众的关注，提高商品的销售效率。图 1-32 所示的不同陈列方式的商品视觉效果图中，图 1-32（a）多个商品水平排列在一起，画面整洁、清爽；图 1-32（b）多个商品交错、倾斜排列，丰富了画面内容，使画面更加灵动。

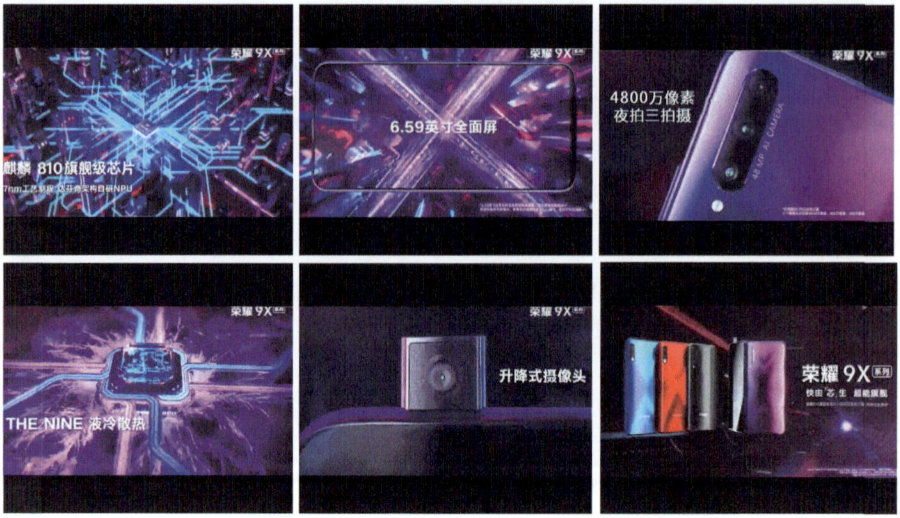

图1-31　手机商品视频截图

（a）

（b）

图1-32　商品陈列

3.　广告视觉体现

广告视觉体现是指通过广告来进行视觉营销，如促销广告海报、品牌宣传视频等。广告是视觉营销的重点，品牌和商品信息都可以通过广告告知受众，让受众对营销的主题有所了解，并通过有趣的、有创意的内容来吸引受众点击、浏览。在进行广告的视觉呈现时，应该先明确其主题，如新品推广、活动促销、销量提升、品牌宣传等，然后结合视觉设计手法来打造具有吸引力的画面，以提升广告对受众的吸引力。

图 1-33 所示的活动宣传广告明确了活动主题、活动时间、活动参与方式等，主要通过活动名称、活动优惠来吸引受众；图 1-34 所示的商品促销广告构建了商品的使用场景，给受众直观的场景联系，再以优惠价格来吸引受众产生购买欲望；图 1-35 所示的品牌宣传广告以极具创意的方式将该品牌 1 周年庆的信息展示在受众眼前，并通过"以想象，突破想象见证未来无限可能"的文案宣传其品牌理念，塑造品牌在受众心中的形象。

图1-33　活动宣传广告　　　图1-34　商品促销广告　　　图1-35　品牌宣传广告

1.1.6　新媒体视觉营销的准则

新媒体视觉营销主要以色彩、文字、图像等方式对品牌和商品进行多渠道、多场合的展示和体现，为营销者带来直接或间接的利润。然而随着越来越多的线下传统行业进入新媒体市场参与竞争，受众对视觉营销的效果有了进一步的要求，只有具备一定质量的视觉营销才能够赢得受众的青睐。下面对新媒体视觉营销的几项准则进行介绍，掌握这些准则有助于提升营销质量。

① **内容**。在这个"内容为王"的营销时代，视觉营销也离不开优秀内容的支撑，优秀的视觉营销内容不仅可以传播品牌和商品，还可以照顾受众的情感，最大化地实现营销的价值。优秀的视觉内容通常包含多个方面，如能够引导受众快速、准确地了解商品，能够让受众快速搜索到商品，能够让受众对商品和品牌产生认同，能够给受众带来愉快的视觉享受，能够使受众主动分享商品或品牌等。

② **价值**。新媒体视觉营销要能够体现商品的价值，以赢得受众的信任。销售实物商品时，要让受众能够通过视觉直接感受到商品的卖点和优势；销售服务类商品时，要让受众能够通过视觉对服务质量进行评判；宣传品牌时，要让受众通过视觉对品牌的文化

理念、形象塑造等有直接的印象。

③ **简洁**。新媒体视觉营销本质上仍是营销信息的传达，不管是商品展示、活动推广，还是品牌宣传，都应该遵循简洁明了的准则，方便受众理解和记忆。对于部分数据类的信息，营销者可以通过图形进行展示。

④ **时效**。信息时代，信息的数量、类型都十分繁杂，营销者如果想让受众第一时间关注其商品或品牌，甚至长久地关注其商品和品牌，就必须抢占最佳时间，提高信息发布、传播的速度和频率。简单来说，从商品设计到最终售出的这个过程中，涉及视觉营销的部分都必须保证其时效性，要不断更新，让受众的视线可以长时间停留在商品和品牌之上。

⑤ **传达**。视觉营销信息的传达是新媒体视觉营销中的重要环节，只有将信息快速、准确地传达到受众眼前，视觉营销才能发挥出自身的作用，因此运营人员和视觉设计人员必须保证视觉营销信息的精要和简练，找准目标受众的根本需求，从目标受众的角度出发进行视觉营销，成功引导受众关注其品牌和商品。

⑥ **重点**。新媒体视觉营销必须有一个明确的重点，让受众可以通过这个重点对商品或品牌形成明显的印象，如商品卖点、品牌风格等都可以作为视觉营销的重点。

1.2 新媒体视觉营销思维

新媒体视觉营销离不开设计思维、运营思维和商品营销思维。

其中，设计思维是为运营和商品营销服务的，营销者只有充分理解设计、运营与商品营销之间的关系，才能明确视觉设计的最终目的，设计出既美观又能打动受众内心的设计作品，达到营销的目的。

1.2.1 设计思维

在新媒体视觉营销中，设计是必不可少的，营销者只有具备一定的审美能力和设计思维，了解如何通过色彩、布局、文字、图片等来更好地表现营销信息，其作品才能吸引受众注意。在新媒体视觉营销中，设计思维主要体现在设计沟通和创意策略两个方面，下面分别进行介绍。

① **设计沟通**。视觉营销要想获得较好的效果，只靠营销者一人可能较为困难。一个成功的视觉营销需要设计人员、运营人员和商品营销人员的共同协作，因此需要商品营销人员与各方人员进行良好的沟通，在基于对受众需求分析的基础上，将营销的主题、目的、条件等信息告知设计人员，方便设计人员根据营销需求进行视觉设计，帮助设计方案、设计要素等的完善、实施，以避免出现视觉产出与营销诉求不匹配的情况。同时，设计人员也要与运营人员进行密切的合作，将视觉设计的效果通过各种营销推广方式进行宣传推广。

② **创意策略**。不管是从营销的角度还是从设计的角度来说，创意都是非常重要的。设计人员需要考虑本次视觉营销应该通过什么样的方式开展，如是通过 VR 沉浸式体验、通过商品包装吸引受众、借助明星引流，还是跨界营销，以与运营人员和商品营销人员相配合。如果通过 VR 沉浸式体验来吸引受众，那么就要侧重 VR 的体验感；如果通过商品包装来吸引受众，那么就要多花心思去设计商品的包装；如果要通过明星引流，那么就要选择粉丝基数大的明星，并在设计和营销的过程中与明星及其粉丝进行互动；如果要通过跨界营销来吸引受众，那么就要注重对合作方的挑选，选择口碑好、有实力的合作方更容易赢得受众的好感。

总的来说，设计思维也要从营销的角度出发，充分理解视觉设计的目的是营销，美观的画面不等于或者不完全等于良好的营销效果。换言之，优秀的视觉设计作品不仅要有美的形式，还应更加注重作品本身所体现的营销价值，即传达信息并促成销售。

🎓 **经验之谈**

> 要注意的是，设计思维存在于视觉营销的整个过程中，可能因为营销方案或受众需求的变化而发生改变。同时，新媒体技术与互联网思维的法则，也使设计思维在创新性、实用性等方面不断发生变化。

1.2.2　运营思维

设计思维更侧重美学、设计等角度，而运营思维则从商业销售的角度来进行视觉营销的整体运作，其目的一般是拉新、促活或留存。在新媒体视觉营销中，设计不能脱离运营而单独存在，设计人员只有充分理解运营目标，才能更好地进行品牌调性定位、单品定位、商品卖点的提炼与展现。新媒体视觉营销中的运营思维主要体现在以下几个方面。

① **受众需求**。受众是运营思维的核心，运营人员在运营过程的各个环节都要以受众为中心，在深度理解受众群体的基础上挖掘其需求，解决其问题。而在挖掘受众需求的过程中，有 3 个比较核心的问题，即市场定位、受众体验、品牌和商品规划，研究这 3 个问题实际上就是研究目标受众是谁，目标受众的需求是什么，商品和品牌怎样满足受众的这些需求。

② **品牌宣传**。品牌直接影响受众对商品的认知、认可和评价，受众通常会优先选择品牌知名度、美誉度更高的商品，在这种情况下，品牌影响力越大，受众黏性就越高，忠诚度也会越高。品牌要被受众知晓就需要进行宣传，就需要运营人员通过各种媒介，如传统媒介（报纸、杂志、电视、广播等）、新媒体平台（微博、微信等社会化媒体平台）等进行真实、新颖、个性或具有创意的宣传，更好地营造品牌口碑。

③ **内容品质**。新媒体环境下，流量成本越来越昂贵，内容作为一种免费吸引受众的途径必然会越来越受到重视。从运营的角度来说，首先要考虑内容的营运策略，做好内

容的定位与运营计划，才能提高信息被发现与浏览的概率。从视觉的角度来说，还要考虑内容的包装与品质呈现，要结合受众需求和商品特点，打造出极具吸引力的视觉画面来吸引受众，使受众产生转化行为。例如，微信公众号推文的视觉营销，不仅要推送受众感兴趣的内容（娱乐、故事等），还要结合视觉设计手段来进行文章的版面设计，以最大化吸引受众。

④ **服务体验**。新媒体运营要特别注意将商品、服务和受众体验做到极致，只有超出受众的预期，受众才会更加主动地对品牌进行口碑传播，才能保持强有力的竞争力。比如给予受众服务承诺、研发新商品解决受众的问题、服务质量体系管理的完善等。当然，在视觉营销的过程中，还要将这些服务体验内容告知受众，让受众知晓并感受到对他的好处。

总的来说，运营思维更多的是站在企业的角度负责把关各项运营事宜，做好与视觉设计工作的对接与调控。

1.2.3　商品营销思维

商品营销思维是指在深入挖掘并满足受众需求的基础上，从商品本身出发，将商品卖点有技巧地呈现给受众，直击痛点，打消受众顾虑，提升受众的购买欲望。由此可以看出，商品营销思维的核心是受众体验，视觉设计作品能够满足受众的需求或解决受众的问题才是最关键的因素。

商品营销思维能够帮助商品营销人员基于正确的目标受众群体开展营销，以更高效的方式呈现出商业活动利益点，而不是单纯地从美观的角度思考界面布局或视觉表现。因此，只有具备商品营销思维才能更好地站在受众角度思考商品呈现的方式，设计出既具有美感，又打动受众的作品，提升视觉设计的有效性。

总的来说，新媒体视觉营销中的各种思维并不是独立存在，可以简单地理解为通过对受众需求、商品诉求等方面的理解与研究，寻求最佳的设计方案，创造出最能够吸引受众注意的作品，以快速吸引受众目光，进而达到转化、成交的目的。

1.3　做好视觉营销的准备

开展视觉营销工作前，营销者还应该做好视觉营销的准备，包括明确营销目的、确定目标受众群体、定位视觉形象和制订营销战术等，下面分别进行介绍。

微课：做好视觉营销的准备

1.3.1　明确营销目的

营销目的是指开展本次营销活动所要达到的目标，它是进行营销策划的前提，具有指导制订营销策略和辅助拟定营销行动方案的作用，任何营销活动都要有明确的营销目的才能进行后续的工作。一般来说，营销的目的主要有两种，一是盈利，二是宣传推广，下面分别进行介绍。

① **盈利**。盈利是营销的主要目的。营销者若要进行以盈利为目的的视觉营销，就要通过对比强烈的色彩来制造视觉焦点，在视觉焦点处放置关键性的促销信息，通过视觉与优惠感的双重冲击来吸引受众的关注，以激发受众的购买欲望，实现商品的销售，并最终实现盈利目的。例如，通过促销活动来盈利时，其视觉营销的手段主要是从运营活动中提取出可供视觉设计的关键词，如促销、满减、免单、狂欢、低价、打折等，将其融入视觉设计作品中，设计出吸引受众的促销海报、宣传页面等，如图1-36所示。

图1-36　盈利目的

② **宣传推广**。宣传推广主要是进行商品和品牌的口碑、知名度的宣传，以建立品牌形象。它是一种通过视觉手段来累积品牌口碑，进而达到提升受众对品牌的好感度的目的。例如，对于有一定知名度的品牌来说，要在进行视觉营销时重点突出品牌的实力，展示品牌 Logo、品牌代言人等表现品牌形象的元素，加深受众对品牌的好感。图 1-37 所示的视觉营销画面，不仅通过品牌 Logo 来展示其实力，还向受众传达了其"有机""健康"的品牌形象。

图1-37　宣传推广目的

以盈利为目的的视觉营销，其营销的重点是商品，通过对商品的开发、改进，同时结合视觉设计来促进商品的销售，其最终目的是获得更多的利润。以宣传推广为目的的视觉营销，其营销的重点是品牌，是通过视觉设计来体现品牌的形象，注重的是品牌形象的塑造与顾客忠诚度的提升。

1.3.2 确定目标受众群体

营销者明确了营销目的后，还需对营销活动所面向的受众群体有一个清晰的认识，如目标受众的痛点、目标受众的需求、目标受众对于视觉风格和视觉表现形式的偏好等。通过对目标受众的分析，营销者可以确定更易于受众接受的设计风格，挖掘更容易吸引受众的卖点。例如，某眼镜品牌的一款儿童防蓝光眼镜，其目标受众是儿童，在进行视觉营销时，就要充分考虑儿童对该眼镜商品的需求，挖掘出需要佩戴这种功能眼镜的儿童的痛点，并通过美观的视觉设计进行呈现，如图1-38所示。

图1-38 某眼镜品牌的一款儿童防蓝光眼镜的视觉营销

从图1-38可看出，其目标受众群体是3～12岁的儿童，但由于购买该商品的消费者主要是孩子的父母，因此在明确受众痛点的基础上，视觉呈现是从父母的角度切入的，通过图文结合的形式展示了大多数小孩的眼睛使用情况，引起父母的共鸣，并给出解决方案，使父母放心。但在视觉设计的风格上，仍旧从儿童的需求入手，并搭配商品丰富的色彩变化，给人一种明快、俏皮的感觉，使得整体的视觉呈现健康多彩，给受众购买的信心。

1.3.3 定位视觉形象

视觉营销最直观的展现就是视觉效果，因此营销者在开展视觉营销前还需要进行视觉形象的定位。清晰的、有特色的视觉形象定位能够将营销诉求快速传递给受众，让受众更容易理解并产生认同。

在进行视觉形象的定位时，营销者要在基于自身商品或品牌定位、目标受众喜好的基础上，参考行业内其他品牌的设计趋势来进行视觉设计的风格和形式的选择，如品牌主色调、品牌标识、商品摄影风格、页面布局等。例如，主打亲肤、自然的护肤品牌大都选择绿色作为品牌主色，为了与"天然、不刺激"的品牌理念相符合，百雀羚的大部分视觉设计作品也都以绿色作为主色，包括商品图片的拍摄、宣传海报的设计、营销活动的宣传等，如图1-39所示。但在保证其整体风格一致的前提下，还应根据具体情况进行视觉风格的调整，如图1-40所示，由于商品卖点与包装的变化，其设计风格也发生了改变，左图为了体现年货节的节日促销氛围，通过红色进行渲染，但为了更好地与商品颜色搭配，并未使用鲜红色，而是通过明度的变化来体现层次感；右上图采用了与商品外观上的图案相符的水墨风；右下图为了与商品卖点更加契合，采用淡蓝色作为主色调，并与包装颜色相呼应。

图1-39 统一的视觉风格

图1-40 变化的视觉风格

因此，在进行视觉形象定位时，营销者应在保持视觉形象整体统一的前提下，根据营销的目的、商品的特点、受众的需求进行适当调整。当然，如果需要进行标签等的相关设计，营销者还应及时与设计人员交流沟通。

1.3.4 制订营销战术

做好前面的一系列准备工作后，就可以制订营销战术，将视觉营销的实施方法落实到具体的操作过程中。除了传统的商品策略、品牌策略、渠道策略（线上、线下）、方法策略（事件、跨界、热点）等方面的战术外，营销者还要注重这些营销策略的整合。

视觉营销不是单纯地通过美观的设计作品进行营销，设计是视觉营销的基础，要在保证视觉吸引力的同时，将营销方式、营销渠道与商品或品牌结合起来，通过对商品或品牌等进行一系列的计划、实施、监督等营销工作，将原本相对独立的广告、销售、包装、事件、服务等营销个体整合成一个完整的整体，更好地打通受众与品牌的多渠道沟通，建立起品牌关系。例如，以营销方式为例，新媒体的营销方式非常多，但受到营销平台属性、受众群体属性、互联网属性等因素的影响，单一的营销方式和渠道可能无法有效覆盖商品或品牌的目标受众群体，且单一的营销方式的传播范围有限，无法全方位打造商品或品牌的影响力。因此，视觉营销的整合策略要"以受众为中心"，要在满足受众需求的基础上，通过不同的营销渠道和方式加强与受众的互动，扩大营销信息的传播范围和增强转化效果。

故宫淘宝是北京故宫文化服务中心打造的文创品牌，它是为了传播我国历史与优秀的传统文化而打造的一个接地气的、亲民的、具有新媒体特色的品牌，从其营销的过程中我们不难发现它对新媒体视觉营销的整合应用。

以前，人们对故宫的印象主要是庄严、权威、文化、辉煌等，很多人虽然喜欢故宫，其实对故宫的了解并不多，正因为如此，以前对故宫感兴趣的受众主要还是具有一定文化修养的学者。而随着新媒体的快速发展，故宫为了推广其形象，吸引更多的受众传播我国的历史与优秀的传统文化，对其进行了"颠覆式"的营销。为了符合新媒体环境下的受众特征，故宫文创服务中心创建了"故宫淘宝"这个专门针对网络青年的品牌。故宫淘宝的目标受众群体主要为"85后""90后""00后"，他们有个性、有想法，对新鲜事物、热门话题、互联网语言和时尚潮流都十分感兴趣，且热衷于通过新媒体进行分享、互动。因此，故宫淘宝在进行其视觉形象的定位时，并没有选择以往的庄严形象，而是通过趣味、幽默的创作方式，将历史人物进行了卡通化，然后融合时下的流行语，使其变得诙谐、幽默，充满乐趣，如图1-41所示。这不仅快速建立了故宫淘宝在受众心中的形象，也让受众直观地感受到了故宫的趣味性和生动性。生硬的文物变得好玩起来，让受众更愿意传播。

故宫淘宝的主要营销渠道是微博和微信公众号，微博主要用来发布商品信息并与广大网友互动（见图1-42），微信公众号主要通过推送文章进行我国的历史和优秀的传统文化的传播，并通过广告植入的方式进行营销转化（见图1-43）。此外，故宫淘宝还开设了淘宝网店，受众可以直接通过微信公众号或微博中的购买链接进行商品的购买，直接实现了商品的流量转化。

此外，故宫淘宝还非常善于应用各种营销方式，平台联合、跨界营销、借势营销等都是它的常用手段，这也使得它"品牌亲民化、产品娱乐化、受众年轻化、营销多元化"的形象深入人心，成为一个火热的IP。

图1-41 故宫淘宝卡通人物形象

图1-42 微博渠道营销

图1-43　微信公众号渠道营销

1.4 拓展阅读

视觉营销并不是单纯的视觉展示，很多营销者在进行视觉营销时可能会走入一些误区，下面介绍3种常见的误区。

1. 盲目展示

盲目展示是视觉营销最常见的误区。很多营销者为了展示商品的功能特质，或者为了让受众更了解商品，选择在最小的篇幅中展现尽可能多的信息，这种信息的盲目堆积并不是最优的视觉展示方式。受众在浏览一个页面时，视线能够捕捉的重点信息是十分有限的，他们更能通过直白、简练的图片来获取信息，所以表达精准、简洁是设计的重点。

2. 无风格的定位

缺失风格也是新媒体视觉营销非常容易出现的误区。鲜明的风格体现了品牌的层次和特色，决定受众对品牌的统一印象。繁杂的排版、不同风格的模特、冲突的色彩搭配等问题，不仅会对作品的整体视觉效果造成影响，而且容易使受众对品牌的定位产生混乱的感觉，难以抓住视觉表达的重点，因此也难以给受众留下良好的印象。

3. 效果失衡

优秀的视觉设计效果应该具备足够的跳转能力，同时保持各个部分、各个板块的和谐统一，受众在浏览时，应该保证其画面效果不论是功能性，还是视觉性都是平衡的，这样更容易给受众带来舒适的体验。

1.5 课后练习

（1）根据你的理解，谈谈新媒体与视觉营销的关系，并列举一个典型的新媒体视觉营销案例。

（2）从新媒体视觉表现方式的角度分析图 1-44 所示的视觉效果。

图1-44　分析案例

（3）假设你所在的企业（饮品企业）要在春节开展一次促销活动，该促销活动的目的有两点，一是清仓，二是新品促销。请结合设计思维、运营思维和商品营销思维，规划清仓活动的视觉设计方案。

（4）接（3），假设该新品的卖点是无糖、解腻，请按照新媒体视觉营销的准备流程来梳理其视觉营销的策略。

第2章

新媒体视觉营销的
基本原则

　　新媒体时代，越来越多的个人和企业认识到视觉营销的重要性，开始通过视觉的方式进行营销。本章将从开展新媒体视觉营销必须了解的基本原则入手，介绍受众的需求、视觉设计的原则、视觉营销信息的传达与视觉创意等必要知识，帮助营销者更好地进行新媒体视觉营销，提升营销的最终效果。

2.1　了解受众的需求

新媒体视觉营销是面向受众的一种营销方式。受众是营销信息的主要传达对象，只有受众看到视觉画面后对商品或品牌产生了认同感，视觉营销才能发挥其价值。因此，了解受众的需求是新媒体视觉营销的基本原则之一。

2.1.1　受众的属性和行为

受众是新媒体视觉营销的直接对象，不同的受众有不同的特征，因而可能会在视觉营销的过程中产生不同的行为，如退出、浏览、点击、转发等。受众为什么会产生这些行为，影响受众做出这些行为的因素又是什么？营销者只有先了解受众的属性，才能更好地理解受众为何产生这些行为。

1.　受众的属性

受众的属性是指受众的自身属性，包括性别、年龄、身高、职业、住址等基本属性。这些属性的不同可导致受众的收入水平、生活习惯和兴趣爱好不同，进而受众的消费行为也不同。因此营销者要在进行视觉营销前就做好受众属性的分析，找到符合自己商品和品牌定位的受众群体，这样才能针对这些受众群体更好地制订营销计划，刺激他们产生消费行为。每个受众的属性都是独特的，但经过大量数据分析的验证可知，受众在某一属性上会表现出类似的特征，营销者在进行营销前可以对这些具有共性的受众属性进行划分，了解大部分受众群体的需求，才能在实际营销过程中更好地满足受众。

（1）性别

性别的差异会导致受众购物诉求和购物习惯的差异，因此营销者可以通过分析自己目标受众群体的性别比例，为营销做出准确的定位。根据统计，女性受众群体对视觉的需求更高，更容易被具有视觉冲击感的画面所吸引而产生消费行为。同时，女性受众群体所消费的商品品类也在不断增加，她们对服饰、美容、保健、护理、育儿、家装、建材、厨具、生鲜等品类的商品的需求也在不断增大，女性受众群体的消费力更强。而男性受众群体则较为理智，更看重商品的实用性与性价比，对酒类、钟表、户外运动和3C数码等品类的商品需求较多。

当然，营销者还要结合自身的受众群体来制订相应的视觉营销计划。比如，一个钟表品牌，就针对女性和男性推出了款式相同但风格不同的挂钟商品，图2-1所示为女性向挂钟商品，图2-2所示为男性向挂钟商品，可看出其整体风格都较为简约，但又因女性和男性对商品外观和功能等的需求不同而有所区别。女性向挂钟商品更加精美，在进行商品宣传海报的设计时，主要以色彩、图案、情感渲染来打动女性受众；男性向挂钟商品则简约、大方、色彩较简单，主要通过对其功能的体现来进行视觉营销。

图2-1　女性向挂钟商品

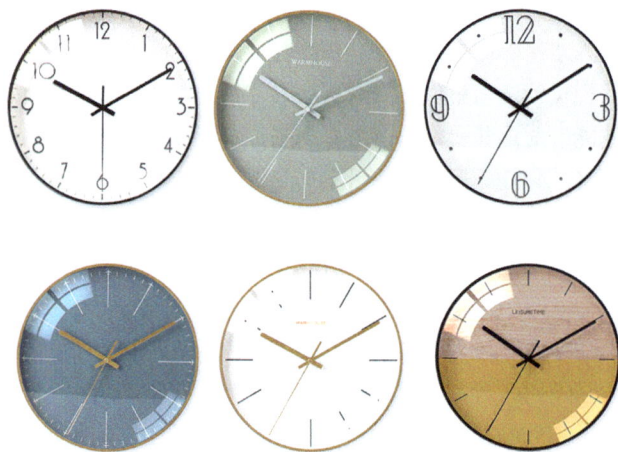

图2-2　男性向挂钟商品

（2）年龄

年龄对受众的消费行为有较大的影响，一般来说，不同年龄阶段的受众，在消费时会呈现出比较明显的差异。受众在不同年龄阶段有不同的购物需求，数据显示，年轻群体即"95后"，逐渐成为消费市场的"主力军"，他们有良好的审美观，乐于通过互联网和新媒体进行分享，消费更加个性化、注重体验；"80后""90后"是母婴商品消费的"主力军"，他们视野开阔，更追求精细化和科学化；而随着互联网的全面渗透，50岁以上的老年群体也逐渐显现出网络消费能力，他们热爱生活，勇于接受新鲜的事物，不断提升自己的生活品质，保健、生鲜、旅游等较受他们的喜欢。

不同年龄层的消费喜好不同，对视觉的需求也就不同，营销者可以针对自己的主要受众群体，在商品视觉、商品卖点的展现方面做出一定的偏重，以便更有效地吸引受众。比如，同样是智能手机，"95后"可能更追求个性化功能和交互体验，因此在视觉营销中体现出5G、多屏协同、AI交互等功能可以快速吸引他们的注意力，如图2-3所示；而对50岁以上的老年群体来说，屏幕、音量、续航能力、手写功能、耐摔等更受他们的青睐，如图2-4所示。

图2-3 "95后"对手机的需求 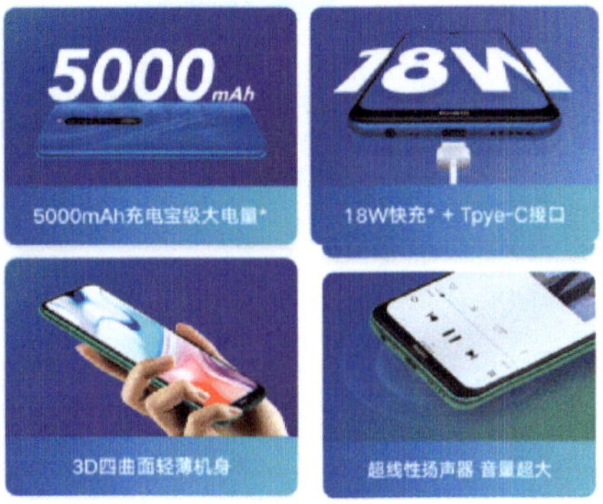   图2-4 老年群体对手机的需求

（3）收入

受众群体的收入可体现在该群体的消费能力和消费需求上，不同收入水平的人群，其消费需求不同，高收入者更关注商品的附加价值，关注品质、定制类的高端商品，而低收入者更关注商品功能和商品性价比。从营销者的角度来看，高品质商品面对的人群是高收入、高消费的人群，在进行商品和品牌的视觉营销时，应该围绕品质、概念、品位、服务进行。相反，如果商品定位是低收入人群，那么在进行视觉营销时最需要突出的就是商品的性价比和质量。

某提倡使用高档取材和精湛工艺，主打"平民级的高级体验"的服装品牌，其目标受众群体主要是中层女性，她们对商品品质有一定的追求。因此，该品牌在进行视觉营销时，为了使打造的视觉风格与品牌定位相符合，并吸引受众购买，以国际名模来进行商品的展示，树立其品牌形象，然后结合冷色调、简洁、大方的设计风格来进行整体风格的构建，如图2-5所示。

（4）行业

收入水平、性别、年龄阶段相同的受众，对于商品的需求与爱好也存在一定的差异，这与受众的行业差异存在很强的关联性。每个商品或品牌，都有自己准确的受众群体，太极服、瑜伽服、滑雪服等运动类目中的小众商品，通过合理的视觉营销手段仍然可以拥有出色的业绩，因为即使受众同属运动品类，也存在细分类目的差异。因此对于营销者而言，抓准目标受众群体的行业特性，也有利于在视觉营销上对信息和卖点准确展示，精准地吸引目标受众群体的眼球。

图2-5　根据受众的收入水平来打造的视觉风格

2. 受众的行为

了解受众群体的属性特点之后，即可进行受众的行为分析。在新媒体环境中，受众的行为主要有浏览、点击、收藏、转发、关注和购买等。每一个行为的背后，都必然有一个打动受众的需求点。营销者必须了解受众的这些行为，并站在他们的角度分析和把握他们的消费心理，才能明确受众真正的需求点，最后设计并提供最能打动他们的内容。

① **浏览**。浏览是受众了解信息的前提，只有受众具有浏览的欲望并查看了信息，才会有后续的点击、收藏等行为。因此，视觉营销首先要打造具有视觉吸引力的内容来引起受众的浏览兴趣，激发他们产生后续行为。

② **点击**。受众在浏览的过程中对某一内容产生了深入了解的兴趣后，可通过点击营销内容中的超链接跳转到其他页面。这可以起到引流的作用。受众的这一行为仍需要通

过内容的吸引来触发。

③ **收藏**。当受众对营销内容较为满意，且认为内容对他有所作用时，就会产生收藏行为，将营销内容保存在受众触手可及的地方，方便随时查看。

④ **转发**。当营销内容引起了受众的共鸣、触发了他们的需求后，就可能使受众产生转发行为，增加营销内容的传播范围，吸引更多的潜在受众。

⑤ **关注**。当营销者持续且长期发布能够吸引受众的内容后，就可能引发受众的关注行为，此时受众就会成为营销者的粉丝。

⑥ **购买**。当营销内容打动了受众，激发了他们的购买欲望时即可产生购买行为。购买行为是变现的最直接体现，可以为营销者带来直接的收益。

此外，在很多新媒体平台中受众还能进行点赞操作，收藏、转发、点赞是新媒体视觉营销较为重要的 3 个指标，其值越高则内容越受欢迎，越容易产生变现行为。图 2-6 所示的某视频网站中的视频与微博中的某条博文，其收藏、转发、点赞数量都非常高，可以看出浏览的人非常多，且内容受到了人们的喜爱。

图2-6　收藏、转发、点赞高的内容

当然，视觉内容只是影响受众行为的一个方面，其他的诸如环境、商品和品牌的定位、受众个人的喜好或心理需求等都可以使受众产生不同的行为。从视觉营销的角度来说，营销者要通过各种数据分析工具找准自己的目标受众，然后根据目标受众表现出来的特征，设计他们感兴趣的视觉内容，展示可以影响他们购物行为的信息，为最后的成交做好铺垫。

影响受众行为的其他因素

2.1.2　受众的认知心理

认知是指通过形成概念、知觉、判断或想象等心理活动来获取知识的过程。在新媒体视觉营销中，受众认知心理最为典型的代表就是品牌认知，即当受众在购买某一类型的商品时，会优先联想到具有良好口碑和使用体验的品牌商品。以小家电品牌为例，当受众需要购买一台豆浆机时，往往会从九阳、美的等品牌中进行选购。

从新媒体视觉营销的角度来理解受众的认知心理，营销者需要明确：建立受众认知的并不是商品本身，而是由视觉设计元素所构成的画面，通过该画面传递给受众的信息将构建受众对商品或品牌的印象，从而在受众心中占据一席之地。那么，怎么通过视觉设计元素来建立受众的认知心理呢？

① **画面干净、整洁**。视觉画面的最终呈现的效果要干净、整洁，避免添加无关的元素来扰乱受众对画面的感知。

② **画面的创意与美感**。具有创意与美感的画面可以在快速吸引受众注意力的同时，激发受众对创意的思考，加深受众对画面内容的理解与认知，但要注意创意不能过于深奥，必须要保证受众在短时间内就能理解其含义。

③ **多元素综合运用**。同质化的大量文字不仅会引起受众在阅读时的理解障碍，还会让受众在浏览过程中变得烦躁，应该将信息以综合化的形式，即文字、图片、形状、人物、背景等相互结合的方式进行综合展示，方便受众理解信息。

④ **品牌关联**。设计时要将自身的品牌关联到画面中，如根据实际需要添加品牌Logo、品牌代言人、品牌口号等具有标识性的内容，以加强受众对品牌的印象，形成完善的品牌形象。

图2-7所示的商品推广海报，整体色彩简洁、画面清爽，信息分明，商品与背景相辅相成，既体现了商品的质感又表明了品牌的高雅、庄重。文案则主题明确，直接展示了品牌和商品的卖点，表达简单、精准。其设计颇具创意，不仅立体地展示了商品的外观，还通过涂抹商品的形式与其卖点进行呼应。整体来看，海报的色彩、文案、构图、商品的摆放等都完整地表现了商品和品牌的特点，既可以给受众带来良好的视觉体验，又能帮助受众快速理解海报信息。

图2-7　商品推广海报

2.1.3　受众的心理需求

不同的受众有着不同的购物需求，如有的受众喜欢价格便宜的商品，有的受众喜欢包装好看的商品，有的受众就喜欢名牌商品。在进行视觉营销前，营销者应该分析研究受众的心理需求，根据受众的不同需求来进行视觉的重点呈现，以快速让受众产生共鸣，形成转化。

马斯洛需求层次理论将人类需求分成生理需求、安全需求、情感需求、尊重需求和自我实现需求5类，由较低层次到较高层次依次排列。根据5个需求层次，可以划分出5个受众市场，其与需求层次的对应关系如图2-8所示。

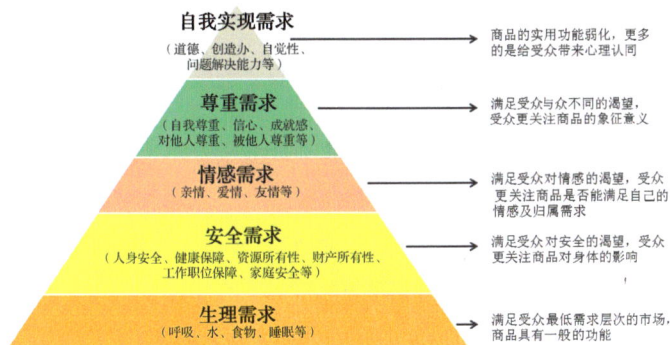

图2-8 受众的心理需求

1. 生理需求

生理需求是人类满足自身生存需要的基本需求，也是影响受众购物行为的最基本需求。营销者在进行新媒体视觉营销时首先要从生理需求的角度挖掘商品的基本功能，如食物商品可以满足人们饮食的生理需求、服装商品可以满足人们蔽体的生理需求、饮品商品可以满足人们口渴的生理需求……通过设计具有视觉冲击感的画面将这些需求展示出来，从而引起受众的兴趣，让他们产生购买欲望。图2-9所示的一款葡萄糖补水液商品，通过场景的构建和文案说明，直接告诉受众该商品的功能，满足受众对该商品的生理需求，能够刺激受众产生购买欲望。

图2-9 生理需求的视觉呈现

2. 安全需求

当受众的生理需求得到满足时，就会进一步考虑安全需求。在视觉营销中，让商品满足受众更多安全方面的需求十分重要，某食物商品通过展示加工过程、可查询食品安全监测、多重冷鲜保障技术对商品的安全、健康做出了说明，将安全性体现在视觉营销中，满足受众对商品的安全需求，如图 2-10 所示。

图2-10 安全需求的视觉呈现

经验之谈

不同的商品，受众对其安全需求不同，一般来说，受众对食物、服饰、器具等商品有较高的安全需求，但对书籍、首饰等商品的安全需求则相对较低。

3. 情感需求

情感需求位于生理需求和安全需求之上，指一种情感上的满足，一种心理上的认同。由于受众消费观念的变化和消费水平的提高，他们除了满足基本的生理和安全需求外，还需要获得精神上的享受。亲情、友情、爱情等是常见的情感需求，可以将这些情感融入视觉营销中，通过视觉设计进行恰当的呈现和表达，让受众切身感受到购买这类商品可以获得的情感满足与喜悦，或者直接通过视觉设计表达商品或品牌想要传递的情绪和情感，从而与受众达成情感上的共鸣。图 2-11 所示为某珠宝品牌的商品海报，其视觉设计以爱情为切入点，将品牌所代表的"爱情""忠诚"等情感传递给受众。

4. 尊重需求

在满足了基本的生理、安全、情感等需求后，受众会倾向于追求稳定的社会地位，希望个人的能力和成就得到社会的承认。在新媒体视觉营销中，受众的尊重需求主要体现为对自己身份的认知和认可，此时，受众更关注商品的象征意义、品牌的形象和文化内涵等，如果在视觉营销的过程中呈现或表达出"尊重需求"，会让受众快速记住营销者以及其营销的商品和品牌。例如，百岁山就通过对品质的极致追求以及对自身的定位——
"水中贵族"给受众身份上的尊重与象征，满足受众对尊重的需求。百岁山在视觉营销的
过程中，通过融入该品牌口号与营造贵族生活场景来体现贵族感，如图 2-12 所示。

图2-11　情感需求的视觉呈现

图2-12　尊重需求的视觉呈现

5. 自我实现需求

自我实现需求的满足，可以带给人精神上的成就感。在新媒体视觉领域，自我实现
需求可以理解为商品和品牌带给受众的心理认同，这要求营销者赋予商品和品牌主流的
价值观，让受众受到商品和品牌的启发。图 2-13 所示的海报，通过绚丽的色彩搭配与人
物奔跑的动作来打造视觉冲击力，并通过品牌 Logo 和文案来清晰地传递信息，使受众感
受到运动、冒险、探索等精神，能够引起受众的共鸣。

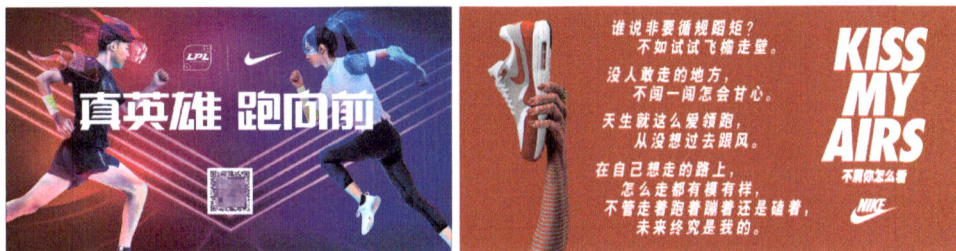

图2-13　自我实现需求的视觉呈现

> 这5个受众需求之间的关系既相互独立又互有联系。有些商品或品牌可能同时兼顾受众的所有需求，但有些却只能兼顾其中的几个需求。不同的需求点面对的受众群体会有所差别，营销者应该针对受众最强烈的需求进行视觉营销。

2.2 掌握视觉设计的原则

　　新媒体视觉营销需要通过视觉设计作品来吸引受众，因此在进行视觉营销前，营销者应该了解必要的视觉设计基础知识，本节将对视觉设计的原则进行介绍，包括平衡与对称、对比与和谐、主次与重心、节奏与韵律、比例与尺度、空白与虚实等，帮助营销者了解如何更好地打造具有视觉冲击力和震撼力的作品，更好地掌握视觉设计的整体思路和进行质量监控。

2.2.1 平衡与对称

　　平衡与对称是视觉设计的基础原则，合理运用它们进行设计可以提升视觉画面的稳定性与美感，给人一种视觉上的满足。

　　① **平衡**。平衡可以使画面有一种稳定感。稳定感是人们的一种自然视觉习惯和审美观念，视觉设计画面需要传达出稳定感才能让受众感到舒适。当画面中的事物观感相似且重心位于画面的中心位置时，整个画面会形成一种绝对的平衡关系，会给人一种平和、安稳的美感。这种平衡关系也称为对称，如图2-14所示。当画面中物体的量感（指人在视觉或触觉上对各种物体的规模、程度、速度等方面的感觉）不同时，通过对画面色彩，以及元素的大小、位置、比例等进行调整，合理编排画面中的各元素，也能达到平衡的状态，如图2-15所示。

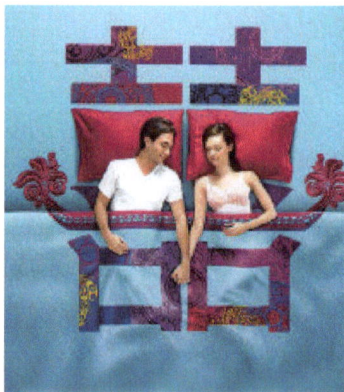

图2-14　绝对平衡　　　　　图2-15　元素的调整

② **对称**。对称在视觉上可以给人自然、安定、均衡、整齐、庄重等感觉，自然现象中的很多事物都具有对称的特性，因此也很符合人们的视觉习惯。在视觉设计中，对称常表现为左右对称、上下对称、对角线对称、顶点对称或重心对称，如图2-16所示。但过于讲究对称容易产生呆滞或单调的感觉，因此可在保证整体画面平衡的前提下，改变部分元素的编排，使其产生变化，从而带来灵动感，这也是常见的不对称的平衡现象，如图2-17所示。

图2-16　对称

图2-17　不对称的平衡现象

平衡与对称的结合可以在保证视觉稳定的同时，使效果更具有创意和灵动感，这是视觉设计的最基本原则。营销者在设计中可以采用以下几个技巧来更好地打造平衡与对称。

① **反射**。在画面中通过对某个相同形象进行左右或上下位置的排列来形成反射的效果，可以在带给人美观的同时达到基本的平衡与对称的效果，如图2-18所示。

② **移动**。在不改变画面中某个物体总体形象的前提下，改变局部物体的位置。这种方式可以给人一种"连绵不绝"的感觉，但要注意移动的幅度，不能破坏画面的整体平衡感，如图2-19所示。

③ **回转**。在反射或移动的基础上，对画面中的物体进行一定角度的转动，增加物体形象的变化，会给人一种规律变化的感觉，如图2-20所示。

④ **扩大或缩小**。对画面中物体的基本形态进行扩大或缩小，使其形成大小对比，可

以在带来延伸感的同时使画面富有变化，如图2-21所示。

图2-18　反射

图2-19　移动

图2-20　回转

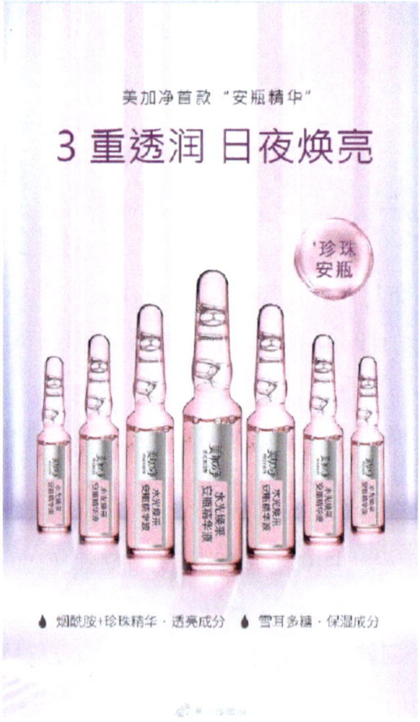

图2-21　扩大或缩小

2.2.2　对比与和谐

对比与和谐看似矛盾但实际上却常常同时出现在视觉设计的画面中。一般来说，对比可以增加画面的视觉冲击力，可以打造出强烈的视觉感官，而和谐则相对平缓，主要用于体现画面的和谐、美观。将对比与和谐联系在一起，即在强烈的视觉冲突中通过加强各设计元素的联系来降低生硬感，使画面兼具视觉冲击力与和谐的美感。图2-22 所示的图片通过蓝紫色与白色形成强烈的色彩对比，同时，画面中的商品颜色与背景色类似，两者不仅通过颜色进行联系，还通过颇具视觉冲击力的冲击光波进行视觉引导，让整个画面的视觉焦点更加明确，构建了层次清晰、动感十足但又兼具美感的画面，很好地体现了对比与和谐。

图2-22　对比与和谐

在视觉设计中，最常见的对比是色彩的对比和图形的对比。色彩的对比指不同颜色或不同色彩感受的对比，如为了体现画面的热烈氛围，常用红色、橙色等作为主色，而为了增加画面的和谐美感，常会对红色、橙色等颜色的饱和度、明度等进行不同程度的调整，使色彩产生缓和的变化以形成对比；或直接采用其他颜色与红色、橙色形成对比；又或者在暖色调的画面中加入冷色调来调和画面效果。图形的对比主要是通过图形的大小、排列方式等进行对比，而要达到和谐的效果，则要注意规律有序、和谐流畅。

图 2-23 中，紫色与黑色形成了明显的色彩对比，同时不同深浅的紫色又再次形成了色彩的明度对比，构建了清晰的画面层次，而不同深浅的紫色又通过规律有序的线条构建了稳

图2-23　对比与和谐的构建

定的三角形，三角形角尖指向的位置放置主推商品。该图灵活运用了对比与和谐构建了视觉焦点。

对比与和谐是相互对立又相互依存的，视觉设计的效果既可以以对比为主，又可以以和谐为主，但要注意两者的比例，以打造具有美感变化的视觉效果。

2.2.3 主次与重心

要想通过视觉进行营销，就要在视觉设计的过程中明确作品的主次关系和画面重心，只有清晰地向受众传达出作品的核心点，才能方便受众理解和接受。

① **明确各元素的主次关系**。视觉设计的最终成品往往需要很多元素组成，这些元素如果不加以区分，全部按照相同的大小和排列方式呈现在画面中，就会使画面没有明确的中心点，不能突出重点。因此，可以通过色彩的强弱、图形的大小、排序的先后来打造这种主次关系，清晰、明确地传递画面的主题信息。图 2-24 所示图片背景为蓝色，通过白色的商品形状的色块来与背景进行区分，并在其中以超大字号的文字来展示倒计时的时间，明确地向受众传达距离国庆假期还有 7 天的主要信息，同时其下方具有标识性的商品又向受众传递了品牌的信息。

② **体现画面重心**。画面的重心一般指画面的视觉重点，也就是通常所说的视觉焦点。它是整个画面中最先吸引受众视线的地方，一般情况下出现在画面的中心位置，当然也可以根据不同的构图方式进行调整，如放置在顶部、左侧等。画面重心是画面中最为突出、最具有视觉冲击力和感染力的地方，合理打造画面重心能有效提升商品对受众的吸引力，从而增加受众对商品的关注度。某品牌通过在下方放大展示手持商品的造型来打造画面重心，将受众的视线吸引到商品上，从而进行品牌形象的传播，如图 2-25 所示。

图2-24 明确各元素的主从关系

图2-25 在画面下方打造视觉重心

2.2.4　节奏与韵律

节奏与韵律能够营造一种像美妙的音乐一样具有旋律、有秩序的美感。其中，节奏主要是指按照一定的秩序排列画面中的各元素，能够使画面变得流畅，而为了让画面更富有变化与律动感，还需要为画面赋予不同的韵律。韵律是节奏的一种变化形式，韵律感可以通过对各元素的形状、色彩、大小、位置、不透明度等进行有规律的变化形成。

节奏与韵律的典型表现如下。

① 在视觉设计中，将各元素进行规律的排列，使其形成起伏变化，可以将原本平淡的视觉效果变得更具个性和趣味性。图 2-26 所示的图中，左侧翻开的图书有规律地分布书页，构建了一个完整的、有律动感的画面效果，比单放一本图书或堆叠几本图书的效果更生动。

图2-26　有规律的效果

② 当画面中相同或相似的主体元素按照一定的方向进行规律性的排列时，会呈现出一种循序渐进的变化。这种变化可以使画面产生一种无限延伸的运动感，如图 2-27 所示。

图2-27　元素的规律性排列

③ 当画面中的各元素表现出连续、重复的一系列动作或形态时，可以在体现规律的同时，带来鲜明的节奏感和运动感，如图 2-28 所示。

图2-28　节奏感和运动感

2.2.5　比例与尺度

合理安排视觉设计画面中各元素的比例与尺度可以打造出贴合设计主题与内容的美观效果，增加画面的视觉吸引力。

1. 比例

恰当的比例可以有效调整画面各元素之间的关系，赋予作品和谐、流畅的美感。在视觉设计中，比例通常是指画面中的各视觉元素在色彩、大小、体积等方面的比例，以及个体元素与整体之间的比例，如标题与内容的比例、文字与图形的比例、图形与版面的比例、主体与整体的比例等。只有合理地调整各部分内容之间的比例关系，才能实现较好的视觉设计效果，达到吸引受众的目的。

图 2-29 所示的图片主要用于展示商品包装，因此其图片以商品包装为主，文字内容主要位于画面的左上角，并分为标题文字和说明文字，标题文字的字号较大，比较醒目，说明文字字号较小，内容稍多，整体比例搭配和谐，能直观地传递商品的外部包装形象给受众。图 2-30 所示的图片主要用于展示该商品所能提供的能量，因此文字内容的比例多于图形内容，标题文字在画面的上方，比例较大，以引起受众注意，说明文字围绕商品，起解释说明的作用。这两张图片从内容的分配比例上来说较为合适，且色彩的比例也非常典型，四周以暗色调打造阴影区域，中间以明度较高的颜色打造高光区域，色彩对比恰当，能突出主体。

图2-29　商品包装展示

图2-30　商品能量说明

🎓 **经验之谈**

　　比例是相对的，不同的设计主题与版面大小对视觉元素的比例要求不同，营销者在设计时应该具体情况具体分析，多尝试并选择最适合表现设计主题的比例才能更好地传递营销信息。

2. 尺度

　　尺度原本指尺码、尺寸，现也常用来表示看待某种事物或待人接物的标准。在视觉设计中，尺度不是指某一视觉元素的具体尺寸和大小，而是指视觉设计的画面带给人的视觉感受与实际的大小关系。尺度与比例是相互依存的，调整画面中任何一个视觉元素的比例，都会影响画面的尺度。图 2-31 所示的图片主要用于展示商品卖点——"全面屏"，营销者在进行视觉设计时，通过星球、海底生物等素材构建了天空、海洋等宽阔、宏大的场景，然后将商品置于画面的中央，这说明手机的屏幕能够完全显示这些内容，印证了其全面屏的特点，然后再辅以鲸鱼穿透屏幕的设计，将虚幻的场景与手机商品主题联系起来，虚实结合，尺度把握适当。同时，整个画面中各视觉素材的分布与比例搭配合适，文案和品牌Logo 分别位于画面的左上角和右上角，且比例较小，能让受众将注意力集中在画面中央，仔细欣赏美观的视觉效果，并自然将视线转向营销内容，整体效果非常舒适。

　　此外，视觉设计作品的投放渠道也影响着尺度，因为不同的投放媒体、投放地点有不同的受众、不同的适用准则。例如，在网站中投放设计作品时，可以设计全屏或宽屏尺寸；在微博客户端投放设计作品时，则应考虑竖屏或方形构图。

🎓 **经验之谈**

　　在视觉设计中，比例更多是指局部与局部、局部与整体以及个体与个体的关系，尺度则更像是一种视觉的感官体验，它没有具体的数值，需要综合考虑受众、设计方法、画面效果、投放渠道等。

图2-31　尺度

2.2.6　空白与虚实

空白与虚实是视觉设计画面的重要组成部分，合理利用空白与虚实能够提升视觉设计画面的效果。

1. 空白

空白是视觉设计的重要原则，但它并不是指什么也没有，而是指"留白"。留白是为了突出主题，留出整体画面中的视觉焦点，降低次要元素对主题的影响，在视觉上给予主题充分的主导地位的一种设计原则。在视觉设计中，画面中内容的多少并不能与受众接受信息的程度成正比，更不能保证受众成功接受画面中出现的所有信息。因此，留白是非常重要的。

留白是一种常见的画面布局技巧，也是一种独特的视觉设计语言，可以帮助设计作品更好地传达信息、交流情感。留白的原理是"少即是多"。留白可提升画面的韵味和感染力，在无形中凸显品质和自信。当然，留白并不是指空白，在留白时要避免以下两个误区。

① **留白就是留出白色**。留白并不是留出白色，而是留出空间。空间可以是纯色的背景（白色或其他颜色皆可），也可以是没有过度装饰的、整体看来设计简洁的背景。留白应该遵循不误导受众视线，自然将受众视线引向主题物的原则。图 2-32 所示的图片的背景是一幅场景图，除了品牌 Logo、节气文字以及少量的文字说明外，其余皆为留白。

② **所有的视觉设计都需要留白**。并不是所有的视觉设计都需要留白，在功能性很强的商品说明画面或凸显热烈氛围的活动、节日等的海报设计中也可不进行留白。设计人员应该根据市场需求、商品定位、设计目的和设计风格来判断是否需要进行留白。图 2-33 所示的图片为了表现新年的氛围，采用了诸多代表新年的设计素材，如对联造型、鞭炮、祥云、灯笼、生肖图案等，如果删去部分素材，则会使氛围变弱，反而不合适。

图2-32 留白

图2-33 不留白

2. 虚实

虚实是用于营造意境和丰富主题内容、形象的一种设计手法，它也是视觉设计的重要原则。视觉设计中各元素的疏密强弱、色彩明暗、面积大小、留白多少、大小比例等都可以构成虚实关系。图2-34所示的图片中，左侧清晰的淡蓝色背景与右侧经过模糊处理的建筑场景形成了虚实关系，清晰的人物置于虚化的背景上，更加凸显出人物的形象。同时，人物佩戴耳机的场景又与左侧的耳机商品形成虚实对比，文字与商品、包装盒与商品等都存在虚实的关系。

图2-34 虚实

此外，通过一定的修辞表现手法也可以构建虚实关系。

① **象征手法**。在虚实关系的构建中，象征手法是一种情感的抽象表现手法，它主要通过借助某具体的事物、人物或形象来反应和表达某种特殊的意思，具有明显的暗示意味。在视觉设计中，象征手法构建的虚实关系常用于表现某些无法直观地用文字或图形来表达的内心心情和情绪，以激发受众产生联想，达到无声胜有声的效果。图 2-35 所示的图片是奥利奥借中华人民共和国成立 70 周年制作的品牌宣传海报，海报中使用代表性的商品来呈现出"70"的造型，将商品形象与借势主体关联起来，无形中向受众传递了品牌形象。

② **比喻手法**。在虚实关系的构建中，比喻手法是用客观具体的事物来表现主观的不可见的形象或情感的一种手法，以更加明确和生动地传达信息。比喻手法是使用较多的一种设计方式，它通过事物间的联系来说明所传递的信息，其中隐喻使用较多。图 2-36 所示的图片是红牛在端午节发布的品牌宣传海报，海报中使用糯米来塑造商品外形，并配以品牌 Logo，形象十分醒目，同时以"苇"比"围"，以"粽"比"众"，表明品牌在激烈的市场竞争中仍然非常出众，其品质值得受众信赖。

③ **对比手法**。在虚实关系的构建中，对比是较为简单的一种方法，它通过将同一事物的两个方面或两种事物进行对比，产生对立、冲突和矛盾的视觉效果，更好地进行视觉与情感的双关表达，引发受众产生联想，提升设计作品的吸引力。形状、文字、色彩、数量、寓意等的对比都是常见的对比表现手法。图 2-37 所示的图片是搜狗 IN 全景臻选礼的倒计时海报，海报通过深色背景与浅色文字的对比来突显信息，通过文字的大小对比来突显信息的重要程度，让受众在看到海报的第一时间就将目光集中到画面中间，并按照文字的重要程度依次浏览信息，完成信息的传达。

图2-35　象征手法　　　　图2-36　比喻手法　　　　图2-37　对比手法

2.3　准确传达视觉营销信息

视觉营销要达到预期的效果，就要准确地将营销信息传达给受众，让受众明确地感知到信息的主次和层级才能更有效地留住受众，激发受众浏览与购买的欲望。下面将对视觉信息的传达顺序、层级以及视觉焦点等进行介绍，帮助营销者更好地打造出能够快速吸引受众的视觉效果。

2.3.1　视觉信息的传达要有顺序

新媒体时代，受众浏览信息的主动性更强，冗长的、复杂的、焦点模糊的信息不仅不能吸引受众的注意，还容易模糊主题，造成信息传达障碍。为了减轻受众对信息的接收障碍，营销者必须了解受众的阅读习惯，合理布局和组合视觉画面中的各元素，明确传达信息的优先顺序才能让受众在看到画面的第一时间接收到有效的信息。

视觉信息的传达顺序可以按照信息的重要程度进行安排。信息的重要程度是根据营销目的、视觉定位、受众需求来确定的，要在进行设计前先明确这些内容，再对这些内容的重要性进行分级，如将其分为一级、二级、三级等不同级别的信息，理清信息因果关系并设定优先排序，强化主要信息，弱化次要信息。例如，某次视觉营销的目的是销售商品，那么其信息的排序可以按照以下规则进行。

① **一级信息**。一级信息是最重要的信息，是可以直接吸引受众的信息，如促销满减等（如全场 3 折、满 199 元减 100 元等）与受众切身利益相关的信息。一级信息常以主文案或主标题的形式出现，要求少而精，且设计时要突出重点，通过醒目的色彩、字体等让受众迅速理解并引发其继续阅读的兴趣。

② **二级信息**。受众被一级信息诱发了阅读兴趣后，会进一步了解相关内容，此时，二级信息的传递就非常重要。二级信息可以帮助受众在短时间内理解信息的作用，是对一级信息的补充说明，如对满减规则的解释。

③ **三级信息**。三级信息主要用于帮助受众获取更多内容，信息量偏多，在引起受众兴趣后起到介绍说明的作用，无须过多设计，便于理解即可，避免与一、二级信息发生冲突。

因此，在进行视觉效果的呈现时要先明确主要信息，即视觉营销的目的，然后根据重要程度依次呈现出一级信息、二级信息、三级信息，更好地引导受众了解信息与做出购买决策。图 2-38 所示的商品推广海报，其一级信息是商品型号，二级信息是商品优惠，三级信息是商品卖点，一级信息最突出，然后通过底纹与背景色的强烈对比将受众视线引导至二级信息处，以优惠信息吸引受众进一步浏览的兴趣，最后受众自然会看到商品的卖点介绍，再搭配上美观且具有视觉冲击力的商品背景与商品图片，就会大大提高该海报的点击率。

图2-38 商品推广海报

2.3.2 视觉信息传达层级要分明

视频：视觉信息传达层级
要分明

在快节奏、信息爆炸、时间碎片化的新媒体环境中，只有让受众在最短的时间里快速获取和理解有用、感兴趣的信息，才有可能获取受众的好感。这就需要对信息进行优先级的区分，建立有效的信息层级，让受众的认知负担最小化，可用性最大化。视觉层次感就是通过视觉信息的传达层级来打造的，层次分明的视觉传达层级可以帮助受众更好地进行视觉体验感知，下面详细介绍视觉层次的打造方法。

1. 通过大小关系打造视觉层级

观察日常生活中的事物可发现，当我们在一个固定的位置观察不同距离、不同方向的物体时，该物体呈现出远处小、近处大的特征。图 2-39 所示的就是近大远小的画面。近大远小是基本的透视原则。

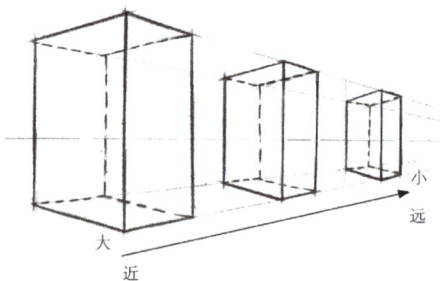

图2-39 近大远小

通过大小关系打造视觉层级就是利用近大远小的透视原则，控制同一画面中元素的大小比例来建立画面中各元素内容的视觉层级。一般来说，相对大的元素更容易引起受众注意，其信息的重要程度更高。当然元素也不是越大越好，元素过大则容易像背景一样被忽略。图 2-40 所示的图片是两个品牌的联合促销海报，图片中间的手表商品是主推商品，比例最大，也是受众最先感知到的内容，其左侧与后方的商品因与主推商品的距离不同，大小比例也有所差别，该图片很好地通过近大远小的关系打造了不同商品的层级关系。

2. 通过色彩关系打造视觉层级

不同色彩给人的视觉感受不同，通过色彩关系来打造视觉层级的一般原则是暖近冷远，明近暗远和对比强烈的近、对比不强烈的远。图 2-41 所示的图片中，蓝色是冷色调，红色是暖色调，相比之下红色给人的视觉感受更近，蓝色更远，因此红色所在区域的内容会优先被受众浏览。但在不同背景下，色彩的远近关系会产生不一样的变化，如在黑色（较暗）的背景下，较暖的颜色看起来离我们更近，较冷的颜色看起来离我们更远，而在浅色背景下则相反。

图2-40　通过大小关系打造视觉层级　　　图2-41　通过色彩关系打造视觉层级

3. 通过内容指引关系打造视觉层级

内容指引关系是指利用指向性图形和顺序字符进行内容的信息指引。

① **指向性图形指引**。指向性图形指引是指利用图形中的指向性元素（眼神、手势、箭头等）引导受众的视觉动线来体现视觉层级。图 2-42 所示的图片中，受众在浏览信息时，视线会被图中人物手势的指向所吸引，其注意力会被进一步引导到商品功能的介绍中。

② **顺序字符指引**。顺序字符指引是指通过具有顺序和方向性的字符来有效地引导受众视线移动，如阿拉伯数字、字母、时间等。图 2-43 所示的图片不仅通过数字来表明先后顺序，还通过线条和水流指引出了浏览的方向。

图2-42　指向性图形指引

图2-43　顺序字符指引

4. 通过动静对比关系打造视觉层级

通过控制画面中视觉元素的动静对比，可以突出重点信息，将受众的视线快速定位到目标内容的位置。若在静态页面中有一个小元素在动，动静对比强烈，则此时动态的元素尤为突出。例如，弹窗应用可以让受众很好地将视线聚焦在弹窗信息上。相反，在大面积动态的元素中，不动的元素就是焦点。

经验之谈

　　在实际的视觉设计过程中，营销者通常可通过多种方法的结合来实现更好的信息层级可视化，引导受众进行信息的接收。

2.3.3 视觉焦点要明确

人眼观看的视觉中心区域是有限的，当视线停留在某个区域时，这个区域称为视觉焦点，焦点区域内的内容就是受众重点观看的部分，焦点区域外的内容则会变得模糊。因此，营销者要在焦点区域内加强视觉元素的感知，让受众更好地进行信息的接收。视觉设计中最常用的打造视觉焦点的方法是对比，如大小的对比、色彩的对比、力量的对比等，如图2-44所示。

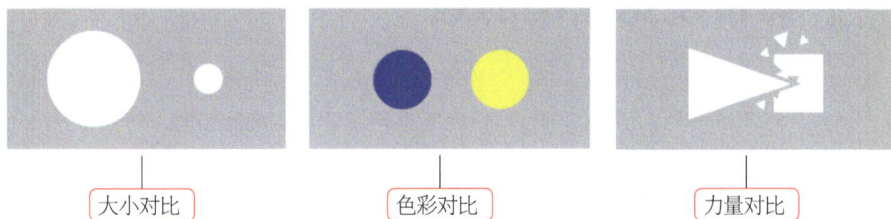

大小对比　　色彩对比　　力量对比

图2-44　对比的使用

能够吸引受众视线的设计作品总是有明确的视觉焦点。图2-45所示的画面中，中间的商品被放大展示，使受众第一眼就能看到商品，能引起受众的食欲；图2-46所示的画面中，蓝色底纹上放置着浅色的商品图片，商品更加突出，视觉焦点更加明确；图2-47所示的网兜篮球的画面力量感十足，能快速吸引受众的视线，受众会自然而然地将关注点转向画面的焦点——商品。

图2-45　通过大小对比明确焦点　　图2-46　通过色彩对比明确焦点　　图2-47　通过力量对比明确焦点

此外，也可以通过留白的方式来突出焦点。大面积的留白可以使背景与主体形成鲜明的对比，使视觉焦点更加突出。除此之外，还可以通过内容指引、渐变的过渡、视角转变（俯视或仰视等）的方法来明确焦点的指向。

> 营销者在进行视觉设计时，要综合利用各种方法来合理有序地安排各项视觉元素，使画面中的内容有大小、主次、强弱、虚实之分，以在合理分布视觉空间的同时，加强画面的视觉张力，合理有序地将信息传递给受众，让画面同时兼顾信息的传递功能与画面的美观性。

2.4 具备视觉营销创意

新媒体视觉营销的竞争非常激烈，营销者要想增加自己的竞争力，与受众更好地建立连接，创意是必不可少的。优秀的创意可以给受众留下非常深刻的印象。营销者只有了解商品和活动的创意，熟悉具体的视觉营销的创意设计方法，才能更好地开展营销工作。

2.4.1 视觉营销的商品创意

商品是体现创意非常好的途径，商品的外观、包装、效果图等都可以充分融入创意手法，吸引受众对商品产生兴趣，进而产生购买行为。在新媒体环境中，商品创意还需要在视觉表现、创意呈现、利益推销等方面下功夫。

1. 视觉表现

商品在新媒体环境中主要是通过图片或视频来表现的，不管是哪种表现方式，都需要保证基本的设计要求，即平衡、醒目。也就是说，商品既要处于画面中受众第一眼能够感受到的中心位置，让受众能够快速提取商品的主要信息，又要保证整体视觉画面的美观、平衡。商品的视觉表现可以通过商品陈列、场景塑造或辅助修饰等来体现，以增强商品的视觉表现力，吸引受众观看。

① **商品陈列**。商品在视觉画面中的摆放顺序、摆放角度、摆放高度等决定了商品在受众眼中的印象。特别是在展示多个商品时，一定要合理规划各商品的位置与组合方式，使其清晰、完整地展现在受众眼前。例如，同一套茶具，由于各件商品的摆放和组合方式不同，受众所能感知到的信息就不同，如图 2-48 所示。图 2-48（a）主要用于展示商品的使用环境，因此盖碗置于茶壶之上，以倾倒茶水的姿势与装满茶水的茶杯来表现；图 2-48（b）则直接在茶盘和桌上将所有的配件一一摆放整齐，商品整体呈现出方形和水平的状态，更整洁和直观。

② **场景塑造**。透明背景的商品展示虽然能够突出商品本身的特点，但场景的塑造更能够营造氛围，引起受众的情感共鸣才能更好地传递信息并打动受众。但要注意场景与商品的特性相符合，图 2-48 所示的茶具商品，就营造了古朴、雅致的场景，与该茶具商品本身的气质吻合。

（a）　　　　　　　　　　　　　　　　（b）

图2-48　商品陈列

③ **辅助修饰**。商品还能通过模特、饰品等进行辅助修饰，以丰富商品在画面中的效果，呈现更好的视觉表现力。以模特为例说明3种情况。在展示小巧、精致、贵重等的商品时，将商品摆放在模特的前方、脸侧，或者拍摄模特的局部展示效果；而在展示大件商品时，为了保持画面的美感，则需要体现商品曲线与模特的身体曲线，比如垂直展示、交叉展示等；对于不方便拿起来展示的物品，模特要保持与商品的互动，使商品自然融入图片氛围中，不被孤立。

2.　创意呈现

一张商品图片，要想从众多竞争中脱颖而出，必须要有自身独特的内容。当商品拥有了一个新颖的视觉表达形式，比如设计上的与众不同、展示角度的与众不同等，就可以让商品以更快的速度进入受众的视线，并给受众留下新奇的印象。某软底鞋商品图片，如图2-49所示。

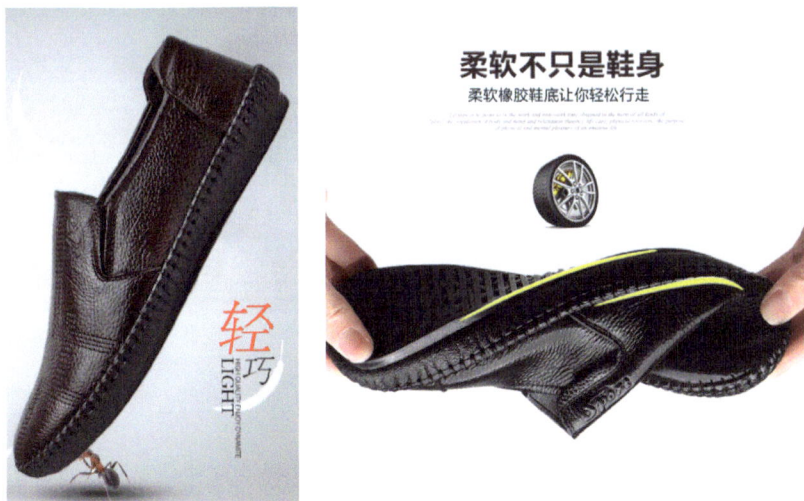

图2-49　软底鞋商品图片

从商业创意广告的角度来看，这张图片并不具备让人耳目一新的创意。但从图片视觉表达方面来看，它与其他同类商品的图片相比，在设计上有明显的独特性。第1张图片通过羽毛本身具备的轻盈特点与蚂蚁搬运的动作，直观地展现了其轻巧的特点；第2张图片通过扭转鞋子来直观地表现其柔软的特点。受众在看到这样的商品图片时，首先就会被其独特的设计所吸引，由此也可以看出，创意呈现是非常重要的，创意度越高，对受众的影响越快速、越深刻，再结合文案创意，往往能达到最佳的推广效果。

3. 利益推销

商品最终要打动受众，让受众产生购买的欲望，利益推销是必不可少的。利益推销是指找到商品的优点，指出该优点能够带给受众的利益，并拿出证据，证明该商品的确能给受众带来这些利益。利益推销是一种操作性很强的推销方法，主要通过说服受众来提高转化率。

在视觉呈现上，利益推销依然是基于商品卖点来设计的，其设计过程一般要经过特征—优势—利益—证据4个阶段，也就是商品是什么，商品有什么功能和独特性，商品能给受众带来什么利益，以及能让受众相信的证据，如图2-50所示。

图2-50 利益推销

2.4.2 视觉营销的活动创意

与商品视觉创意相比，活动视觉创意在视觉设计上首先应该体现活动的主题，同时色彩、风格等也应该与活动相匹配。为了引起受众注意，活动视觉设计也应尽量体现个性和创意。

活动一般分为促销活动、主题活动等,促销活动以促销为主,多搭配具有吸引力的文案进行设计,如图 2-51 所示。主题活动则在视觉设计上比较自由,可以结合时下热点进行设计,也可以根据主题风格来设计,如图 2-52 所示。

图2-51 促销活动设计

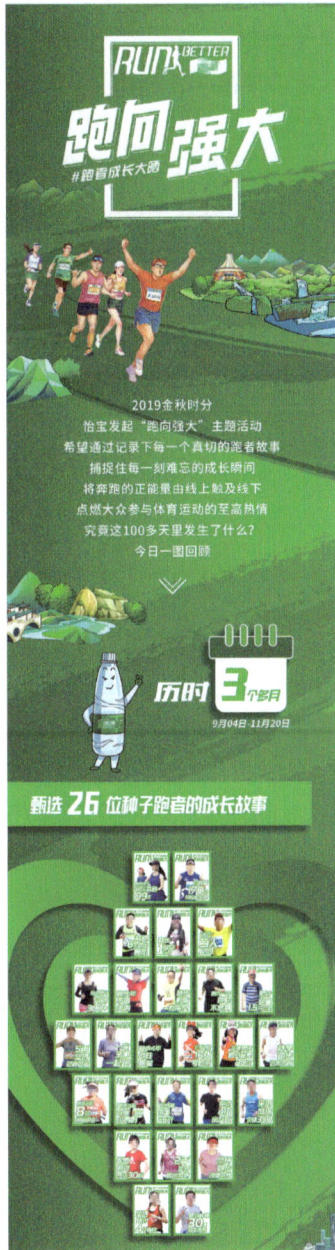

图2-52 主题活动设计

此外，整页的活动页面视觉设计通常要建立在运营策划的基础上，也就是运营人员要先策划活动方案，设计人员再根据活动方案设计视觉效果。策划活动方案一般有以下几个主要步骤。

① **确定活动主体**。商品的核心卖点是什么？受众的利益点是什么？

② **确定活动对象**。商品的精准受众群体是谁？还可能对哪些受众群体产生影响？

③ **确定活动促销**。活动采取哪些促销手段？打折、满减、赠送或有其他附加值。

④ **确定活动推荐**。活动采取哪些推广方式？选择哪些推广渠道？不同的渠道在设计风格上有哪些倾向？

在确定了活动方案后，设计人员再根据活动主题、活动要求、活动目标等来设计活动页面的视觉效果。设计人员在进行活动创意设计时，可以先收集素材，分析创意点，然后确定一个合适新颖的设计创意方案。图2-51所示的促销活动页面，为了体现促销活动的氛围，以红色作为主色，通过优惠文案信息、促销价格和商品陈列来吸引受众。而图2-52所示的主题活动页面，则采用品牌主色调——绿色作为主色，结合蓝色、白色等颜色，利用村庄、道路等元素体现其运动主题，给人鲜明的视觉印象。

2.4.3 视觉营销的创意设计方法

了解了商品创意和活动创意之后，营销者在进行视觉营销的过程中就要灵活应用创意设计方法进行设计，以快速吸引受众的目光。结合新媒体环境，目前常用的视觉营销的创意设计方法主要有事物拟人法、热点聚焦法、场景动漫法、情感冲击法，下面分别进行介绍。

视频：视觉营销的创意设计方法

1. 事物拟人法

事物拟人法是将没有生命的事物描写成具备人物特征的一种手法。它主要应用在商品和品牌中，让商品和品牌具有人物特征，并用不同的人物特征表现出商品和品牌的特点。这可以更贴近受众，进而让受众产生情感共鸣。

① **商品拟人**。商品拟人常以外形特征拟人、情感拟人等来实现，要求营销者非常熟悉自己的商品，将商品与拟人对象紧密贴合，勾画出贴近受众心理的场景，打磨人物特征，进而让受众产生代入感。图2-53所示的画面中，营销者对商品的外观进行了拟人化设计，为其赋予了人物的特征，提升了画面的趣味性与吸引力。又如长城葡萄酒的商品拟人文案——"三毫米的旅程，一颗好葡萄要走十年"，将葡萄酒的原材料拟人化，从而赋予了葡萄酒坚韧不拔、精益求精的精神内涵。

② **品牌拟人**。品牌拟人就是在结合品牌价值、品牌调性的前提下，通过赋予品牌人性化的特征来使其更加立体化，给受众更直观的体验。三只松鼠、旺仔牛奶、江小白等都是比较有代表性的品牌拟人化案例。在品牌拟人的同时，还可赋予拟人形象丰富的情感，

用拟人形象代表品牌与受众互动，如图2-54所示。

图2-53 商品拟人

图2-54 品牌拟人

2. 热点聚焦法

热点聚焦是指及时地抓住受众关注的热点、新闻事件，利用明星效应等，并将其与自身商品或品牌结合起来进行推广与传播，以达到提高关注度和转化率的目的。图2-55所示的画面中，荣耀借"造字"流行事件来进行商品宣传海报的设计，快速吸引了受众的注意。图2-56所示的画面中，奥利奥借《愤怒的小鸟》电影来进行热点聚焦。图2-57所示的画面中，宝马借元旦的热点进行视觉营销。

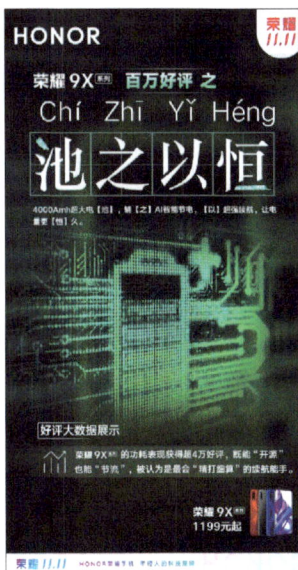

图2-55 流行事件聚焦

图2-56 热门电影聚焦

图2-57 节日热点营销

热点聚焦法需要及时对热点事件做出响应，具有非常高的实时性。热点事件影响力强的时间较短，这就需要营销者有敏锐的眼光及对事件的准确把控。需要提醒的是，热点聚焦可以借势，但要避免涉及敏感政治话题，且要注意不要侵犯他人的肖像权。

3. 场景动漫法

场景动漫法即将商品打造成为卡通或动漫人物，或将场景缔造为动漫化的场景，并且实现诸多在现实中无法呈现的效果。图2-58所示的画面中，在2020年到来之际，该商品的营销者选择将一个萌趣可爱的卡通鼠形象与自身商品结合起来，由此设计出的具有自身特色的视觉场景可以快速吸引受众的视线。

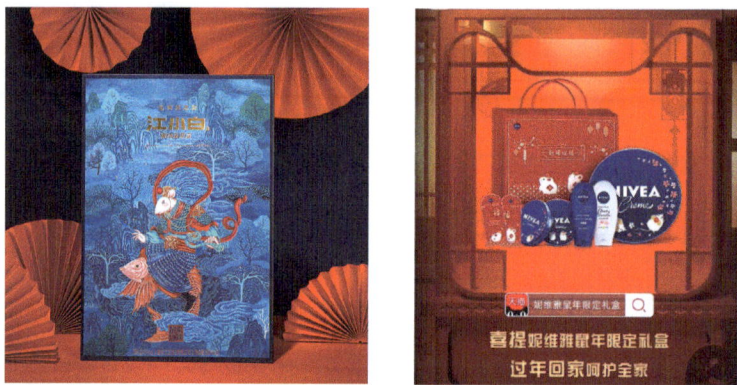

图2-58　将卡通形象与商品结合起来

图2-59所示的画面中，动漫人物与商品结合，辅以动漫化的应用场景，可以快速将受众带入特定情境。但要注意动漫人物形象及场景的选择，避免暴力、色情以及不适宜的展现方式，尽量选择合适且有时代感的积极的动漫人物。

图2-59　场景动漫化的视觉设计

经验之谈

场景动漫法的设计形式十分多样，营销者可以自己设计能够代表商品和品牌的动漫形象，也可以借助其他著名的动漫形象。除了动漫化之外，还可以借助热门游戏、热门电影、热门电视剧，甚至神话传说等进行创意场景设计。

4. 情感冲击法

情感冲击法就是用强烈的情感直击受众内心，迅速引起受众的情感共鸣。情感是影响受众非常重要的一个因素，在商品和品牌中融入情感，对商品和品牌进行升华，可以从感性的角度打动受众，让视觉营销达到意想不到的效果。

在视觉设计的过程中，情感冲击法主要是通过情感的视觉化来表现的，通过分析商品和受众，将最能打动受众的情感体现出来，让受众在看到视觉画面时受到触动，从而刺激他们的消费行为。情感视觉法的表达一般都需要好图片、好文案的配合和烘托，让受众在多重视觉刺激下深刻地理解商品所承载的情感。

图2-60所示的10周年宣传海报，先通过画面中间的"10！"吸引受众注意，同时点明10周年的主题，然后再通过具有代表性的图片素材来点明两个品牌的信息，最后再通过文案"胃和灵魂都让你满足，美食与好书不可辜负！"来表达情感、深化主题，同时与品牌理念相呼应，让受众产生感同身受的感觉。图2-61所示的"春节摊牌运动"海报，通过文案"我过年不想回家 春节七天，三天在往返路上 四天在拜年路上"与循环奔跑的人物来体现人们在春节期间的困扰，以引起受众的共鸣。

图2-60 10周年宣传海报

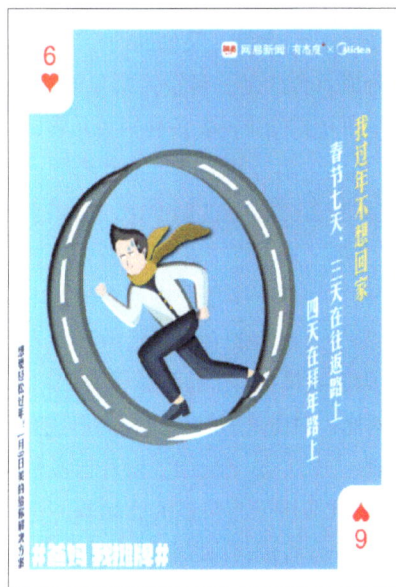

图2-61 "春节摊牌运动"海报

营销者若要更好地把握新媒体视觉创意，就需要具备敏锐的洞察力、对细节的观察力，以及对不同事物进行合理联系并进行发散思维的能力。因为视觉创意实施本身具有很强的跳跃性、时效性和特殊性，因此本节内容所举案例皆为抛砖引玉，具体的创意设计还需要营销者根据实际情况对各种信息进行选择和融合。

2.5 拓展阅读

创意一直是吸引受众的直接方式，优秀的创意往往可以给受众留下十分深刻的印象，但优秀的创意并不是时刻都会出现的，这时，营销者可以适当地对创意进行改善和简化，策划一个在视觉表现上新颖有趣的方案，将需要呈现的主题与视觉设计结合起来，以视觉化的主题给受众留下深刻的印象。

策划一个不落俗套的视觉方案，并将之视觉化，也就是在突出主题的同时，辅以恰当的美化、夸张，营造与主题内容相匹配的氛围，再通过对色彩、文字、版式等元素的合理利用，有效提升设计作品的视觉效果，以与竞争对手形成差异和区别，进一步突出商品或品牌的视觉优势。在这个过程中，营销者还可以通过一些方法来进行设计主题的视觉化，如利用故事、合成和对比的方法等，下面分别进行介绍。

① 故事。以故事的形式进行设计主题的表达，也就是用视觉设计讲述一个关于主题的故事，这种表现方式新奇有趣，当受众理解了故事，就会产生深刻的印象。图 2-62 所示的画面中，营销者为了表现商品量足的特点，采用了夸张的故事画面和情节进行设计，既让画面显得十分幽默，又精确地将商品的特点呈现给了受众。

② 合成。合成是一种较为常见的设计方法，它需要充分的想象，并关联多种相关元素，以融洽、清晰地表现出主题，避免产生主题模糊或效果不佳的问题。图 2-63 所示的画面中，营销者为了表达出优惠力度，采用了"省"来进行直观的体现，同时对"省"字的下半部分进行合成，以受众熟悉的商品来进行文字的合成，既清晰地表达了主题，又让画面效果更具个性和吸引力。

③ 对比。对比是一种以比较的形式突出设计主题的表现方式，如一颗维生素片与多种水果的比较，一块低脂饼干与热量的比较等，这种比较的表现方式十分直接，可以让受众快速理解主题，并将其与自己的需求联系起来。图 2-64 所示的画

图2-62　故事

面中，营销者为了表现净水机的容量，用 3 927 瓶瓶装水作对比，并对瓶装水的大小和外观进行了展示，让受众能清晰直观地知晓该净水机的实际制水量。

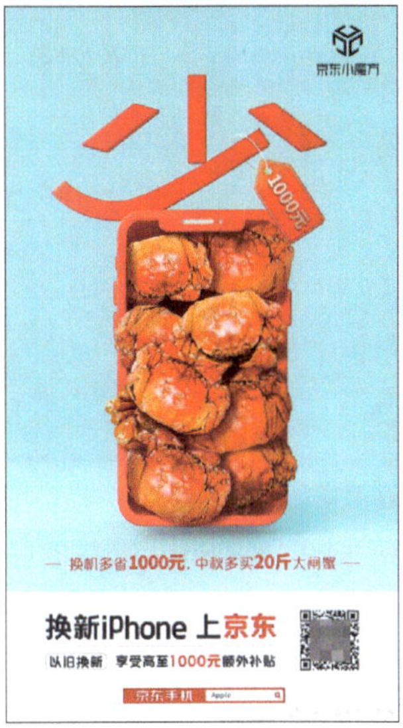

图2-63 合成 　　　　　　　图2-64 对比

2.6 课后练习

（1）某文具店为了更好地对受众进行精准营销，要对一款修正带进行不同的设计，图 2-65 所示为商品的外观，请你从性别、年龄等角度考虑受众的喜好，结合受众的心理需求给出至少两个不同的设计方案。

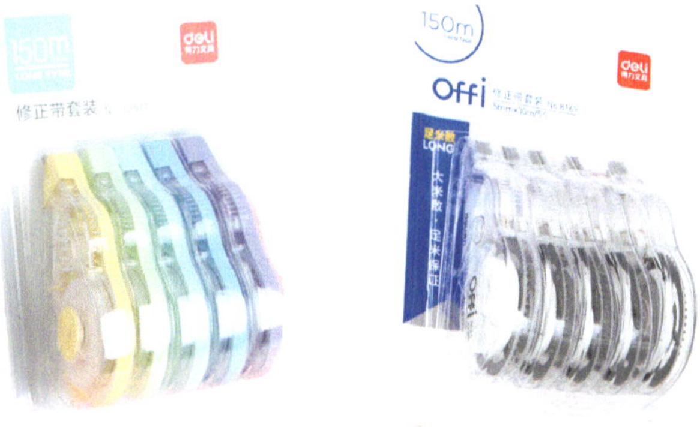

图2-65 商品外观

（2）从设计原则的角度分析图 2-66 所示的内容，并分别说明每张图片都采用了哪些设计原则，其优缺点是什么。

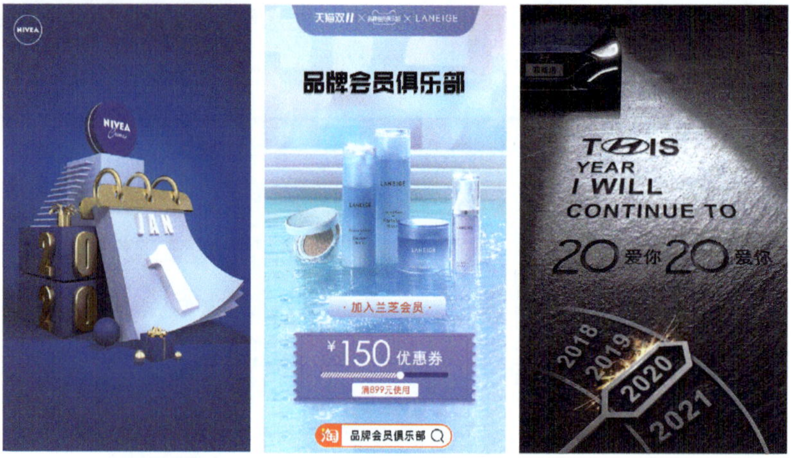

图2-66　设计原则分析

（3）分析图 2-67 所示的内容，分别说明每张图片都采用了哪些创意设计方法。

图2-67　创意设计方法分析

第3章

新媒体视觉营销的基本要素

新媒体视觉营销涵盖视觉设计与营销推广的内容。在了解了新媒体视觉营销的基础知识与基本原则后，营销者还必须熟悉新媒体视觉营销的基本要素，懂得如何利用各种视觉要素来提升营销信息对受众的吸引力，才能在激烈的竞争中快速抓住受众眼球，刺激受众产生消费欲望。本章将对新媒体视觉营销的视觉设计要素、视觉表现要素、视觉交互要素、品牌营销要素、商品营销要素等进行介绍。

3.1 视觉设计要素

一次成功的视觉营销，必须要以优秀的视觉设计要素为支撑。点、线、面这3个视觉设计中最基本的设计要素，是营销者进行视觉营销前必须掌握的内容。点、线、面具有不同的视觉特征，合理将其应用在视觉营销的各种画面中，能够提升画面的视觉表现力，带给受众强烈的视觉吸引力，进而吸引受众浏览画面，并产生流量到销量的转变。

3.1.1 点

点是视觉设计中最小的、最简洁的形态，是形成其他视觉形态的起源。视觉设计中的所有元素都可以视为不同形态的点，如圆点、方点、三角点等规则的点，齿点、雨点、泥点、墨点等不规则的点。点是相对而言的，没有一定的大小和形状，它可以是分散的，也可以是聚集的，画面中越小的形体越容易给人点的感觉，如漫天的雪花、夜空中的星星、大海中的帆船和草原上的马等。点的分散和聚集都会使画面产生动感。当点分散时，可营造一种向中心扩散或打破平静的动感；当点聚集时，可营造一种集中的向心力，视觉焦点更明确。总的来说，合理使用点可以达到平衡画面、聚集焦点或增强节奏的作用，可以形成强烈的视觉张力。

图 3-1 所示的商品海报中，飞溅的水珠就是一个个大小不一的点，这些点使海报画面变得更生动，给受众营造了一种清透、干净的视觉感受，与商品本身的"纯粹""洁净"的定位相符合。

图3-1　商品海报中的点

点的大小、形态、位置不同，产生的视觉效果就不同，带给受众的视觉心理感受也会不同。画面中距离较近的点会因为大小的不同而营造出一种对立与相互吸引的视觉感受，点的距离越近，这种视觉感受就越强烈。因此，在进行视觉营销时，营销者要合理规划点的位置。

① 当点位于画面的上方时，能增强所凸显信息的视觉张力。图 3-2 所示的品牌联合营销海报中，画面左上角的飞机可以看作一个点元素，而飞机这个点表现了小米和顺丰的物流服务，其醒目的位置和直观的形象让受众能更好地感知到小米和顺丰的营销信息。

② 当点位于画面的中间时，画面的焦点会更加集中，受众能够更容易浏览并接受营销信息。但同时，画面四周会呈现出充足的空间感，能给受众一种视觉上的宽阔感，从而使受众产生思维的发散与心理的释放。图 3-3 所示的品牌借势营销海报中，画面中间的图形可以看作一个点，这个点是该品牌的 Logo 图案，可以引导受众将目光聚集到画面中心，同时，Logo 四周宽阔的空间又形成了美丽的风景，在向受众传达品牌 Logo 形象的同时，又给了受众视觉上的美感与心理上的放松。

③ 当点位于视觉画面的下方时，会营造一种沉稳、稳定或向下坠落的视觉感受，让受众感受到视觉的稳定或空间上的压迫感。图 3-4 所示的画面中，下方的水花与商品连接在一起构成了稳定的画面。

图3-2　上方的点　　　　　图3-3　中间的点　　　　　图3-4　下方的点

④ 当点作为单体出现时，有提示、强调画面中重要信息的作用，能够给受众带来非常强烈的视觉吸引力，如图 3-5 所示。

⑤ 当点分散在画面中时，可以点缀画面、活跃画面的视觉氛围，给受众带来生动的视觉体验，如图 3-6 所示。

⑥ 当点密集地汇聚在一起时，可形成特殊的肌理或作为背景为画面增添层次，起到衬托主体的作用，给受众带来强烈的视觉美感，如图 3-7 所示。

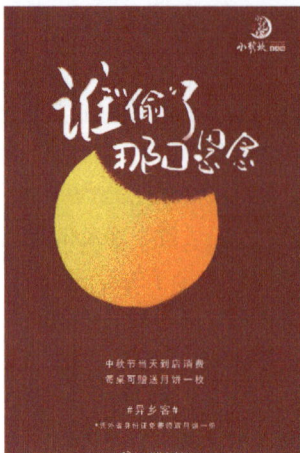

图3-5　单体的点

图3-6　点的分散

图3-7　点的汇聚

3.1.2　线

线在视觉形态中可以表现长度、宽度、位置和方向，具有刚柔并济、优美和简洁等特点，常用于渲染画面效果，引导、串联或分割画面元素。线的方向、形态等不同，在画面中所传达的视觉信息就不同，给受众带来的视觉感受也会不同。

一般来说，较长的横线可以让人产生恬静、安宁、沉稳、开阔等感觉，能够给受众带来舒展和延伸的视觉感受。水平的线条可以让人产生平和、静寂、安定、平稳等感觉，而线条的左右移动和变化则会产生开阔、伸延、舒展等视觉效果。垂直的线条可以产生挺拔、有力量等感觉，能给受众带来一种视觉上的力量感。在视觉营销的实际使用过程中，常联合使用多条直线来表现画面场景，塑造一种辽阔深远、平稳舒适、挺拔有力的视觉感受。图 3-8 所示的画面中，水平和垂直的水纹线条组成了天猫 Logo，并被水平置于水面上，天猫 Logo 与辽阔的水面背景呈现出水平的视觉效果，体现了一种无线延伸、辽阔的感觉，很好地传达了天猫"双 11"与农夫山泉的商品特点。

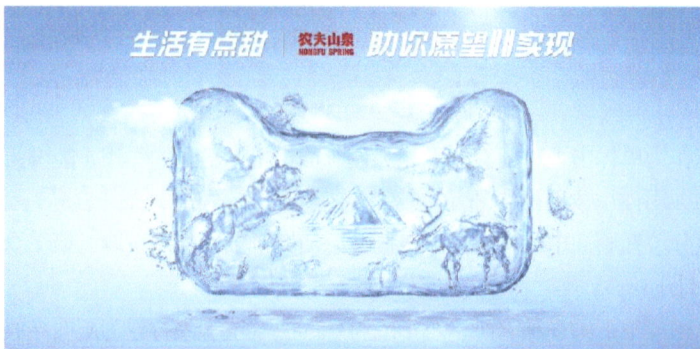

图3-8　直线

斜线具有较强的视觉冲击力，如图 3-9 所示；弧线则比较委婉，可以产生轻快、流畅的视觉感受，如图 3-10 所示；曲线会更加活跃，能产生跳动的感觉，如图 3-11 所示。

图3-9　斜线　　　　　图3-10　弧线　　　　　图3-11　曲线

在视觉营销中，线不仅能表示固定的某种形态，还能引导受众的视线，形成一种无形的视觉动线，进而引导受众阅读并接收营销信息。图 3-12 所示的画面中，线条的走向引导着受众阅读文案信息，让受众知晓参与活动的方法，并突出商品的卖点——"青春有你 弹润新生"。

此外，线还有分解与重构画面的作用，如通过框线来分割画面布局、规划结构，通过曲线来丰富画面内容等，以得到层层递进或结构丰富的画面，提升画面的视觉效果，给受众更强烈的视觉刺激。图 3-13 所示的画面中，通过框线将营销的商品和品牌信息放在画面中央，不仅能使画面结构更加整齐，还突出展示了这部分的重点信息。图 3-14 所示的画面中，蜿蜒的曲线分割出了人物与文案两个部分，在保证画面简洁的同时增添了一丝灵动，让画面对受众的视觉吸引力更强。

图3-12　视觉动线　　　　图3-13　框线　　　　图3-14　曲线分割

3.1.3 面

点的放大即为面，线的分割产生的各种比例的空间也可称为面。面有长度、宽度、方向、位置、摆放角度等特性。在画面中，面具有组合信息、分割画面、平衡和丰富空间层次、烘托与深化主题的作用。在视觉营销中，不同形态的面能产生不同的视觉感受，一般可分为两种，即几何形的面和自由形的面。

① **几何形的面**。几何形的面指有规律的易于被人们所识别、理解和记忆的图形，包括圆形、矩形、三角形、菱形等。图3-15所示的画面中，线条组成了不规则的几何形。不同的几何形能带给受众不同的感觉：矩形的稳重、厚实与规矩，圆形的充实、柔和与圆满，正三角形的坚实、稳定，不规则的几何形的时尚活力等感觉。若背景采用不规则的几何形切割画面，再与主体配合，可以为画面营造出前后层次感，避免画面背景过于单调。

② **自由形的面**。自由形的面来源于自然或灵感，比较洒脱、随意，可以营造淳朴、生动的视觉效果。自由形可以是表达个人情感的各种手绘图形，也可以是曲线弯曲形成的各种有机图形，还可以是自然力形成的各种偶然图形，如图3-16所示。

图3-15　几何形的面

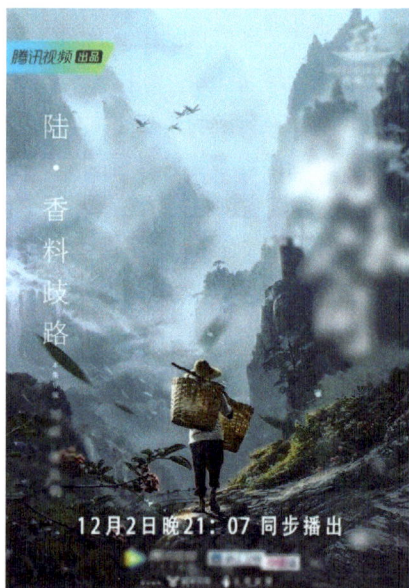

图3-16　自由形的面

除了面的形态外，面的大小、虚实都会给人以不同的视觉感受。大面积的面，给人一种扩张的感觉，小面积的面，给人一种聚集的感觉。面的虚实要通过面与面的对比来产生，虚的面与实的面是同时存在的，要灵活通过不同的排列来进行虚实的对比，加强画面的空间深纵感与视觉吸引力。图3-17所示的画面中，辽阔的天空、沙地是虚的面，地面上的金字塔和创意造型是实的面，两者结合在一起产生了面的虚实对比，突出了金

字塔和创意造型。金字塔与创意造型又因为面的大小不同而产生了面的大小对比，通过
金字塔这一小的面指向创意造型这一大的面，提升了画面的整体空间表现力与穿透力，
能给受众带来视觉上的直观刺激，吸引他们浏览。

图3-17　面的大小和虚实

🎓 **经验之谈**

　　营销者在进行视觉营销时要注意画面中的主体与背景的衬托关系，合理利用
点、线、面来进行画面结构的组合、排列，可以避免视觉元素喧宾夺主，以尽可能准
确地将营销信息传达给受众。

3.2　视觉表现要素

　　除了点、线、面这3种基本设计要素外，视觉营销还需要具有有展现力的色彩、文
字、图片和版式等表现要素来提升营销信息的表现力，以快速吸引受众的目光并激发他
们产生浏览行为，促进营销信息的传播与商品的销售转化。

3.2.1　色彩

　　色彩是表现视觉营销信息的主要途径，在突出视觉画面的风格、传达品牌文化和情
感等方面有非常重要的作用。色彩极具视觉冲击力，能够在第一时间引起受众的情感反

应与变化，表现力强、搭配和谐的色彩，可以更好地传达营销信息，加强受众与商品之间的沟通，减少企业的运营成本。因此，是否能够准确地应用色彩，是视觉营销的前提。

1. 色彩的情感

从视觉营销的角度理解色彩，色彩更多的是指颜色带给人们的心理感受。不同的颜色具有不同的感情色彩和情感表现力。了解并掌握不同颜色代表的情感能够帮助营销者更好地制订视觉营销方案，制作出更具有吸引力的营销画面，引起受众的情感共鸣，进而影响受众的消费行为。

① **红色**。红色是视觉表现力、刺激性和鲜艳度都较强的颜色，能够给人热情、积极、活泼、热烈等感觉。在新媒体视觉营销中，红色常用来渲染喜庆、热烈等氛围，图 3-18 所示的促销活动海报，便使用红色来渲染活动的热闹氛围。

图3-18　红色

② **黄色**。黄色是明度最高的颜色，能够给人光明、轻快、活泼、权威和高贵等感觉，如图 3-19 所示。在视觉营销中，常将红色和黄色搭配使用，以营造一种很强的视觉冲击感，给人带来健康、热烈的感觉，并最终达到快速吸引受众视线的目的。

③ **蓝色**。蓝色较为温和，能够给人自由、高远、深邃、博大等感觉，如图 3-20 所示。

④ **绿色**。绿色和蓝色一样也是比较温和的颜色，代表着生长、活力、青春、生命、希望等，能够给人安全、和平、舒适等感觉，如图 3-21 所示。

图3-19　黄色　　　　图3-20　蓝色　　　　图3-21　绿色

⑤ **橙色**。橙色比红色的刺激性弱，但也具有较强的识别性，能够给人活泼、冲动、兴奋和温暖等感觉，如图 3-22 所示。

图3-22　橙色

⑥ **紫色**。紫色是比较受女性受众喜欢的颜色，能够给人高贵、优雅、奢华、浪漫等感觉，如图 3-23 所示。

⑦ **黑色**。黑色常用来表示庄严、安静、肃穆、深沉、坚毅等感觉，如图 3-24 所示。

⑧ **白色**。白色常用来表现纯洁、和平、神圣等感觉，如图 3-25 所示。

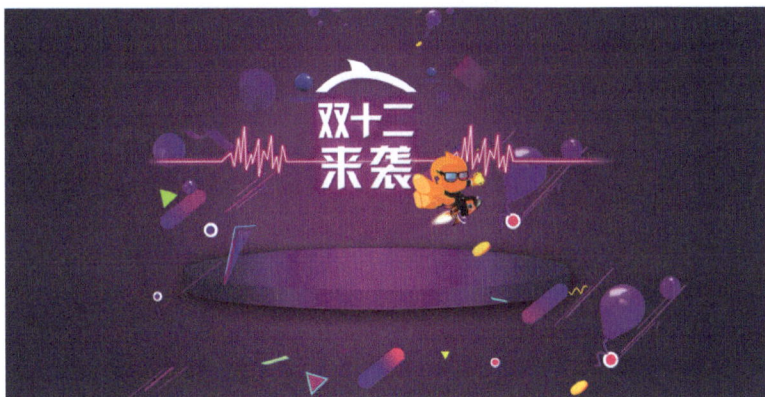

图3-23　紫色

图3-24　黑色

图3-25　白色

　　除了颜色本身所具有的感情色彩外，颜色的明亮程度和鲜艳程度也会影响人们对色彩轻重的判断。比如看到同样的物体，黑色或者暗色系的物体会使人感觉偏重，白色或者亮色系的物体会使人感觉较轻。一般来说，明亮程度高的颜色易使人联想到蓝天、白云、彩霞、棉花、羊毛及花卉等，让人产生轻柔、飘浮、上升、敏捷、灵活等感觉。明亮程度低的颜色易使人联想到钢铁、大理石等物品，让人产生沉重、稳定、降落等感觉。图3-26所示的两张色彩组成相似的海报中。图3-26（a）海报的色彩更加艳丽，背景中的红色和装饰用的绿色、黄色等颜色的鲜艳程度都较高，给人一种强烈的视觉冲击感，同时还营造了一种浓烈、刺激、有活力的氛围；图3-26（b）海报则与其相反，背景是明亮程度高的浅灰色，给人一种轻快、上升的感觉，再搭配颜色鲜艳的红色酒瓶，重点突出了该品牌的商品。

（a）

（b）

图3-26　两张色彩组成相似的海报

2. 色彩的应用

单一的色彩表达的内容有限，在实际进行新媒体视觉营销的过程中，我们可以发现，大多数视觉内容的色彩都是多样化的，如何将各种色彩搭配在一个画面中，使其赋予画面鲜明的视觉吸引力，是营销者需要重点掌握的。

① **同色系色彩的应用**。同色系的色彩搭配指通过同色系的色彩变化来营造出层次感、虚实感，在保证色彩整体统一的基础上营造一种和谐、静止的感觉，但由于色彩变化不大，画面容易显得单调。图 3-27 所示为绿色同色系色彩的应用，两图都以商品的绿色为基调，以颜色更深的绿色作为背景来营造一种纯净、温和的视觉感受，但画面整体的色彩稍显单调。

图3-27 同色系的应用

② **邻近色的应用**。邻近色指色相环上位置相邻的 2～3 种颜色，如红橙、橙黄、黄绿、绿蓝、蓝紫、紫红等。这些颜色有一定的共通性和区别，可以通过不同色彩的搭配，以及改变其明亮程度和鲜艳度来营造稳定中又富有变化的视觉感受，给人带来美观与个性兼具的视觉效果，是较为常用的色彩搭配方法。图 3-28 所示的画面采用大面积的蓝色和紫色作为背景色，辅以红色、蓝色等作为辅助色，很好地渲染了促销的氛围。

图3-28 邻近色的应用

③ **间隔色的应用**。间隔色指色相环上相隔的颜色，如红色与黄色、黄色和蓝色、绿色和紫色等。间隔色相比邻近色多了一些明快感，且视觉冲击力更强，因此使用非常广泛，尤其是红、黄、蓝 3 色之间的相互搭配，如图 3-29 所示。

④ **对比色的应用**。对比色可以宽泛地理解为可以明显区分的两种颜色，如红色和绿色、橙色和蓝色、黄色和紫色、任何颜色和黑白灰等，其颜色的对比非常强烈。应用对比色可以表现出一种有力量、有气势、有活力的感觉，具有强烈的视觉冲击力，而且也极具现代感、时尚感，如图 3-30 所示。

图3-29　间隔色的应用

图3-30　对比色的应用

3. 色彩的比例

为了保证画面整体的协调性与美观性，获得统一的整体色彩效果，营销者要根据设计需求、主题诉求等来进行色彩的调和，选择能够体现画面主题的色彩作为主色，选择与主色相匹配或互补的其他颜色作为辅助色，以协调画面中的颜色比例，最后再根据需要添加点缀色。根据经验总结，多种色彩组合在一个画面中时，各色彩的比例应控制在一个特定范围内，即 70∶25∶5，其中 70% 为大面积使用的主色，25% 为辅助色，5% 为点缀色。一般来说，画面中出现的颜色不宜超过 3 种（同色系视为一种，如深红和暗红可视为一种），否则会使画面显得混乱，颜色用得越少，画面则越简洁，作品显得越成熟，对画面的把握和控制也越容易。当然，该比例并不是一成不变的，营销者可针对商品和主题诉求做出一定变化。图 3-31 所示的画面中，主色为蓝色，辅助色为红色，点缀色为白色和商品的颜色，几种颜色的结合在带来稳定的视觉感受的同时，又具有强烈的视觉冲击力，能够吸引受众的眼球并激发他们的点击欲望。

图3-31　色彩的比例

3.2.2　文字

文字是新媒体视觉营销中非常重要的信息表现元素，它不仅可以直观地表述营销的内容，还能通过对文字进行视觉设计来提升信息的视觉吸引力。文字的视觉表现主要是通过内容、样式等来体现的，下面分别进行介绍。

1.　文字的内容

在新媒体视觉营销中，文字的内容主要包括标题文字和正文文字。其中，标题文字的字数较少，常以总结性或突出性的语言描述来吸引受众的注意力。正文文字的字数较多，更强调易读性和文字整体的视觉效果，如强调文字的段落间距、对齐方式等。

图 3-32 所示的新品海报中，"新茶出山"就是标题文字，其字形造型独特、字号较大，点明该商品为新品，其下的"2019 新茶上市""新茶抢鲜一步·买就送豪华茶礼"可看作正文文字，主要说明了该商品的年份以及赠品信息。

图3-32　文字

图 3-33 所示的微信公众号推文中，封面图中的"百万津贴，每天 4999 元免单大奖，就问你有没有动心！"就是标题文字，点击标题打开文章后才会看到正文文字。可以看出，标题文字比正文文字更简洁、突出，正文内容的段落间距和文字间距适中，方便受众阅读。

图3-33　微信公众号推文

🎓 **经验之谈**

标题分为主标题和副标题。主标题是一篇文章的大标题，用来提出文章的中心或主旨，一般居中显示。副标题是对主标题的解释或补充，一般跟在主标题后显示，营销者可以根据画面的版式结构确定其排版方式。

2. 文字的样式

众所周知，文字来源于象形符号，是用来表意的，文字通过不同的造型结构、笔画特征，能够传达不同的情绪，无论是阳刚形文字的棱角分明、柔美形文字的优雅亲和，还是手写文字的舒适洒脱，无不传达别样的感染力。图3-34所示的某商品的促销海报中，文字样式方正有力，给人一种富有气势、端正的感觉。

图3-34　某商品的促销海报

图3-35所示的商品促销页面中，文字线条细长，给人一种优雅、古典的感觉。

图3-35　商品促销页面

文字的重要性仅次于色彩，营销者在进行新媒体视觉营销前，应该充分考虑文字带

给受众的影响。一般来说，同一个画面中的文字样式最好保持在 2~3 种，避免文字样式
过多使画面变得复杂，影响受众对信息的接收。

3.2.3 图片

图片是新媒体视觉营销的另一大表现形式，不仅能为受众带来更有冲击力的视觉体
验，还能增加营销信息的可读性，提高受众对营销信息的阅读兴趣，增加营销信息的传
播范围与影响力，获得更多受众的关注，进而促进商品的销售或品牌影响力的提升。在
新媒体视觉营销中，图片美观是首要前提。此外，明确图片具备的营销作用是进行新媒
体视觉营销前非常重要的准备工作。

1. 表现商品特点

在新媒体视觉营销领域，图片不仅是作为文字信息的补充与说明，除了要与文字信
息有所关联外，图片还可以表现出营销商品的特点。例如，可以通过色彩、文字、图片
等的搭配，来直观地展示商品的外观、商品造型的设计、商品的卖点等。图 3-36 所示的
图片中，图片与文字高度关联，画面在给受众传达感恩节的节日理念的同时，还表明了
商品的特点，宣传了品牌形象。

图3-36 表现商品特点

2. 帮助受众理解信息

图片是非常直观的，特别是场景图、说明图等能够快速向受众传达信息的图片，能
够帮助受众更好地理解商品。图 3-37 所示的两张图片中，图 3-37（a）通过清楚的时间

流程步骤来表明商品的智能预约功能，图 3-37（b）通过实物场景来展示商品的 DIY 功能，让受众第一眼看到图片时就能明白该商品的使用方法，减少了受众的思考时间和疑惑，能够加深受众对商品的兴趣，进而增加商品销量。

（a）   （b）

图3-37　帮助受众理解信息

3. 制造视觉焦点

受众对营销信息的感知主要依靠视觉画面中的视觉元素对他们的视觉引导。这个视觉引导一般是通过图片来体现的，图片中的文字、色彩、图形等的组合、设计，可以吸引受众的视线，使受众快速将目光放到图片的焦点上，而焦点也常常用于放置最主要的营销信息。图 3-38 所示的图片中，背景的虚实对比营造了视觉中心，商品处于视觉中心的位置，形成了视觉焦点，让受众在第一眼看到该图片时就被商品精美的外观所吸引，进而点击、浏览商品页面，最终提高商品的销量。

图3-38　制造视觉焦点

4. 营造氛围

氛围即意境，是指图片传达给受众的一种感受和情绪，如新鲜、明亮、忧郁、舒适、清凉、梦幻、飘逸、有活力等，可以让受众产生身临其境的代入感，引起他们的心理共鸣。

图片要传达某种情绪给受众，就需要构建画面的层次感，包括动静层次、色彩层次、光影层次等。图 3-39 所示的图片中，人物冲浪的动态场景与静止的商品形成了动静层次，在营造活力、动感、运动等氛围的同时，还将商品防水等卖点展示了出来，快速吸引了受众的目光并引起他们的心理共鸣。图 3-40 所示的图片中，蓝紫色与黑色搭配而成的背景营造了一种科幻、玄妙的感觉，同时搭配蓝色和红色的商品，给受众一种"高科技"的感觉，这符合其商品的定位与受众的预期。图 3-41 所示的图片中，暗调暖光营造了一种奢华、高贵的感觉，与该腕表的品牌的定位相符。

图3-39　动静层次营造氛围　　　图3-40　色彩层次营造氛围　　　图3-41　光影层次营造氛围

5. 塑造品牌

图片的直观表现形式可以更好地塑造品牌形象，如在图片中放置品牌 Logo、输入品牌理念文案、添加具有代表性的品牌商品图像、展示品牌代言人或品牌领导者的形象等。图 3-42 所示的两张图片中，图 3-42（a）结合了品牌 Logo、品牌名称和特色商品来传达自身的品牌形象；图 3-42（b）结合了品牌 Logo、代言人和主推商品来构建品牌影响力。

（a）

（b）

图3-42　塑造品牌

3.2.4　版式

版式可以简单地理解为画面的整体样式。营销者要根据特定的主题表达与诉求，将画面中的各种信息要素，如文字、图形、标志、色彩等，通过一定的方式进行编辑和排版，以增加画面的视觉表现力和冲击力，吸引受众浏览。在新媒体视觉营销中，版式不再单纯地指编排技巧，更多的是在符合受众视觉习惯的基础上，通过对画面内容的视觉化与形象化来传递文化理念或营销信息，以引起受众的关注。因此，掌握版式的常见类型是非常重要的，下面分别进行介绍。

微课：版式

1. 整版型版式

整版型版式主要用于商品广告宣传海报的版式布局，它以具有典型特征的商品形象或与企业有关联的事物来充满整个版面，以直观地展示主体，具有非常强烈的视觉效果。整版型版式一般文字较少，若配有文字，常放置在版面的上部或底部，以避免文字遮挡主体。图3-43所示的画面中，品牌代言人手握商品的形象作为主体充满了整个画面，其下配上商品卖点说明文字，给人一种大方、舒适的感觉，是非常典型的整版型版式案例。

2. 对称型版式

对称给人一种平衡、稳定、理性的感觉，常表现为上下对称、左右对称或对角线对称。但为了避免画面显得过于呆板，常以相对对称的方式来布局版式，即对称两侧的内容并不是完全相同的，而是略有变化。图 3-44 所示的两张图片即为对称型版式，图 3-44（a）所示为左右对称，但左右两侧的内容略有区别；图 3-44（b）所示为上下对称，上下部分的布局相同，但内容不同，给人一种稳定、均衡的感受。

图3-43 整版型版式

（a）

（b）

图3-44 对称型版式

经验之谈

在新媒体视觉营销中，完全对称型版式会显得过于呆板，可以通过局部的变化来打破这种呆板，如添加文字、图案、线条等，使画面富有活力，以引起受众的注意。

3. 分割型版式

分割型版式按照一定的方式将画面分割为不同的部分，如分割为三角形、正方形、长方形、圆形或其他不规则图形等。合理分割画面可以让版式的整体布局更具有设计感与节奏感。但要注意分割型版式要突出形状和区块，不宜过分复杂。图 3-45 所示的图片被色彩、线条等分割为 3 个部分，每一部分内容的主体都非常明确，在清晰表现营销信息的同时，又给受众带来了视觉上的美感。

当然，也可以通过多个形状的组合来对画面进行分割，但要注意每个区块中内容的关系。图 3-46 所示的图片被不同形状的组合分割，长方形、正方形、三角形、不规则形状的组合，丰富了画面的结构，增加了画面的空间立体感，同时各部分的主体也表现得相当明确，便于受众浏览。

图3-45　单一分割型版式 　　　　　图3-46　组合分割型版式

4. 中轴型版式

中轴型版式指在画面的水平或垂直线的中轴部分布局主体，给人强烈的视觉冲击力。图 3-47 所示为典型的垂直中轴型版式，整个画面以中间重叠在一起的图书作为支撑，既表明了主题——"读书"，又能快速吸引受众的目光。

5. 曲线型版式

曲线型版式指画面中的主体元素呈曲线状排列，通过曲线的流动性给画面赋予动感和韵律。图 3-48 所示的即为典型的曲线型版式，整个画面以蜿蜒的路径来形成曲线，为静怡的氛围增添了一分灵动，大大提升了画面的视觉吸引力。

6. 倾斜型版式

倾斜型版式指画面中的主体呈倾斜式排列，倾斜的方式使画面的重心产生了一种向前偏移的感觉，给人一种有冲击力的感觉。图3-49所示为典型的倾斜型版式，整个画面以倾斜的商品进行布局，从画面右上角向下倾斜布局商品，使画面产生一种向左下方的冲击力，给人强烈的视觉感受。

图3-47　中轴型版式　　　　图3-48　曲线型版式　　　　图3-49　倾斜型版式

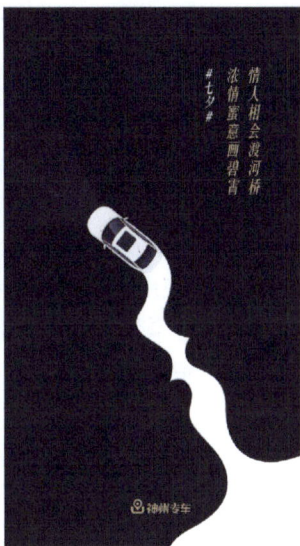

7. 指示型版式

指示型版式指通过文字、图形等元素来对视觉画面进行指示布局，如箭头图形、线条走向、色彩指引等，使受众按照一定的动线进行浏览，将受众的视线引导至画面的主体诉求上，最终达到宣传推广的目的。图3-50所示的画面中，曲线、文字和箭头构建了引导受众视线的指示型版式，可以让受众跟随箭头和线条的走向浏览画面内容。

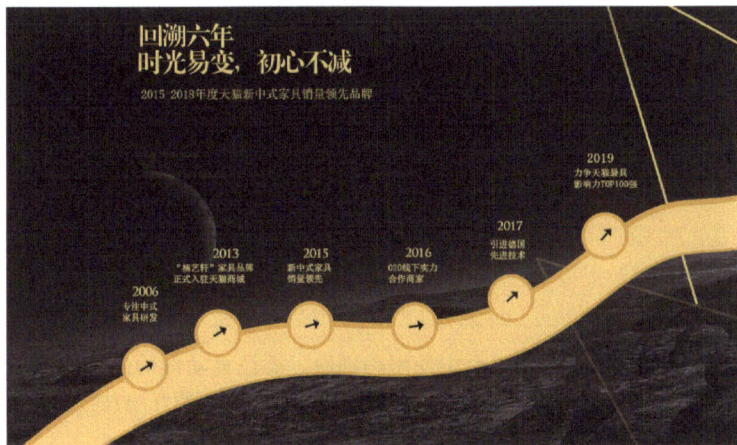

图3-50　指示型版式

3.3 视觉交互要素

交互是指商品与其使用者之间的互动过程。将其应用在新媒体视觉营销中，则是指视觉信息与受众之间的互动，主要通过动图、视频、信息图表、H5 等媒介来进行。

3.3.1 动图

动态图（GIF）简称动图，其动态展现形式能给视觉设计作品增加代入感、体现差异化，起到吸引受众眼球的作用。在新媒体视觉营销中，动图主要通过图片内容来吸引受众，一般来说，幽默的、有趣的内容更容易吸引受众的注意，引发受众进行传播。目前很多用户在微信、QQ 等聊天工具中都会使用动态"表情包"来代替文字，这是因为动态"表情包"在视觉上比文字更直观，能够给他人带来更加强烈的视觉冲击力。那么动图在新媒体视觉营销中有哪些作用呢？下面分别进行介绍。

1. 传递信息和情绪

与文字和单纯的图片相比，动图不仅能够传递更大的信息量，还能传递"情绪"，以更容易引起受众共鸣的方式来吸引受众保存动图、传播动图。图 3-51 所示的微博中发布的便是一张表达开心、高兴情绪的动图。该动图通过狗狗笑着转圈的动作并搭配文字"开心到转圈"来表现开心、高兴这一原本抽象的情绪，让受众更愿意接收信息并保存、转发，提高了信息的传播率和互动率。

图3-51　动图

🎓 经验之谈

在微博、微信等新媒体平台中使用动图时，要注意动图的内容，过于"接地气"的动图内容虽然能够快速引发受众的共鸣，提高与受众的互动并激发他们主动传播，但也可能会对品牌在受众心中的形象造成影响。

2. 提高信息的到达率

大量数据表明,动图比文字和静态图的点击率更高,这是因为动图本身所具有的有趣、信息丰富等特点能引起受众的好奇心,让受众看到动图时就想点击并一探究竟。这也说明,动图对受众的吸引力更强,受众更容易与动图产生互动,因此受众对动图的停留时间更长。同时,动图加载速度快、方便受众浏览等特点也会让受众能更迅速、更直接地接收到信息,这也加强了受众的视觉体验。在微博、微信等新媒体平台中,受众无须点击播放动图按钮动图就会自动播放,使得动图的信息到达率更高。

经验之谈

为了保证动图的加载速度,方便受众查看动图,应注意动图的尺寸。以微博和微信新媒体平台为例,微博中的动图尺寸建议不超过450px×450px,大小尽量不要超过4MB。微信中的动图宽度建议不超过400px,大小不超过2MB。若要制作动态"表情包",则建议宽度不超过200px,大小不超过1MB。

3. 提升品牌形象

动图是一种动态的图片格式,它可以包含文字、图片等多种视觉表现元素,这些视觉表现元素组合在一起可以表达更加丰富的内容,提高营销信息与受众的交互率。在进行品牌形象的塑造时,营销者也可以通过动图的高传播效果来快速与受众建立互动,将品牌信息融入动图中,以专业、有趣、有创意的内容来吸引受众主动传播品牌形象,提升受众对品牌的信任感和忠诚度。图3-52所示为海尔在其成立35周年时发布的一条微博就通过动图为受众传达了该品牌的创建时间。该动图通过非常具有代表性的历史事件来传递该品牌的创建时间这一营销信息,最后再对应到该品牌总厂的场景中,在受众心中建立起了品牌的印象,很好地传达了品牌信息,塑造了品牌形象。

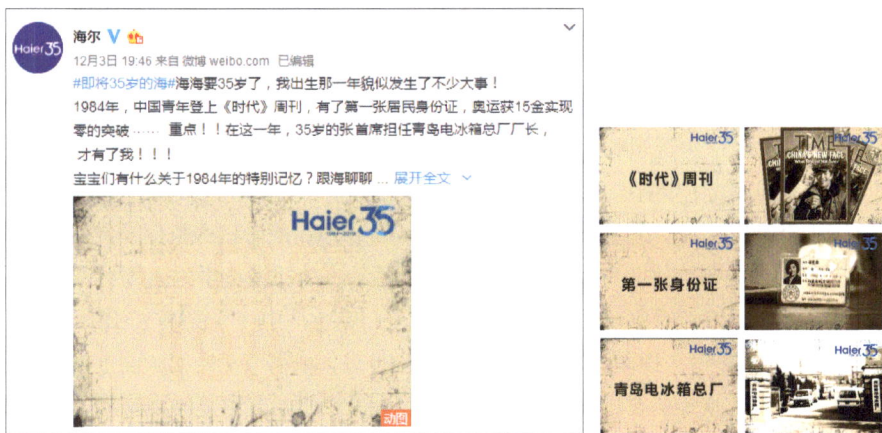

图3-52　动图对品牌信息的塑造

3.3.2 视频

　　视频是目前较为主流的新媒体视觉营销表现形式。视频的全面直观、即时性和交互性强等特点使其能够在符合企业营销目标的前提下，为受众展示更生动形象的营销信息，加强受众对营销信息的接受度和信任度。视频比图片、动图等更加复杂，在进行新媒体视觉营销前，营销者应该掌握如何通过视频来提高与受众的互动率。下面将对视频的画面构成、视频的内容叙述、视频的传播执行 3 个方面进行讲解。

微课：视频

1. 视频的画面构成

　　与版式布局类似，视频也只有进行画面的布局构成才能增加视频的美观度与吸引力。视频是一段时间内连续画面的输出，除了借鉴图片版式布局的方法外，还要注意以下 4 个方面，以提升视频的视觉效果，吸引受众观看视频并分享传播。

　　（1）表现方式

　　随着移动互联网的发展，视频的表现方式越来越多样化，除了横屏视频外，竖屏视频也越来越受到受众的喜爱。横屏视频的取景范围更广，能更好地描述视频各内容之间的关系，与受众产生更好的情感联系。竖屏视频的取景范围较集中，能更直观地展示视频的主体，加强受众对视频的直观感受。图 3-53 所示为某彩妆品牌的新品推广视频，该视频采用横屏的方式来表现内容，通过全景、中景等镜头表现方式构建了复古、华丽的场景，渲染了商品的华丽，然后通过模特、商品的展示来凸显商品特点，最后再展示商品套装点明主题。多元素的结合让整个视频叙述清晰，画面美观，给人很强的视觉吸引力，能吸引受众观看并转发、分享。图 3-54 所示为竖排视频的该品牌的新品推广视频，可看出其多采用中景和特写镜头来突出展示主体，如模特使用商品后的运动姿态、面部特写、商品外观展示等。

　　（2）镜头应用

　　视频的呈现效果受到镜头的影响，一般来说，拍摄人员应该根据拍摄景距和视角的不同选择不同的镜头表现方式。在视频的创作过程中，拍摄人员需要通过镜头的应用来体现其叙事风格、框架故事逻辑和故事节奏，以明确视频画面中所有事物之间的关系与变化。常用的镜头表现方式主要有固定镜头、推镜头、拉镜头、跟镜头、摇镜头、移动镜头等。

　　① **固定镜头**。固定镜头指在拍摄某个镜头的过程中，摄影机的机位、焦距和镜头光轴固定不变，而被摄主体既可以是静态的也可以是动态的。镜头中的人物可以随意移动或出入画面。固定镜头的视点较稳定，符合人们在日常生活中观看视频的习惯。

　　② **推镜头**。推镜头指摄影机向被摄主体方向推进，或调节焦距使画面主体逐渐接近的镜头表现方法。推镜头可以形成视觉前移的效果，或使画面由整体到局部，将受众的视线引导到需要重点表现的部分。

图3-53　横屏视频

图3-54　竖屏视频

③ **拉镜头**。拉镜头指摄影机逐渐远离被摄主体，或变动镜头焦距使画面框架由近到远与主体拉开距离的镜头表现方法。拉镜头会形成视觉后移的效果，使被摄主体逐渐变小，而周围环境逐渐变大。

④ **跟镜头**。跟镜头也叫跟摄，是摄影机跟随运动的被摄主体进行拍摄的镜头表现方法。跟镜头能连续表现运动中的被摄主体，不仅能突出主体，而且能交代主体的运动方向、体态、速度及主体与环境的关系。跟镜头能形成一种运动的主体不变而静止的背景不断变化的效果，有利于通过人物引出环境。跟镜头能对人物、事件、场面进行跟随记录，所拍视频能体现出真实性和纪实性。

⑤ **摇镜头**。摇镜头指在拍摄时，摄影机的位置不发生变动，只有机身进行上下或左右旋转的镜头表现方法。一个完整的摇镜头包括起幅、摇动和落幅3个部分。摇镜头所拍摄的视频，会使观众跟随镜头的摇动而不断调整视觉注意力。

⑥ **移动镜头**。移动镜头指拍摄时，摄影机的机位发生变化，是一种边运动边拍摄的镜头表现方法。移动镜头所拍摄的视频，会使观众的视线和视觉感受跟随视频画面的移动而发生变化，让观众产生身临其境的感觉。

（3）主体表现

主体是反应视频内容与主题的主要载体，是视频最终所要展现与传达的主要物体。突出展示主体可以更加清晰地传达信息并与受众建立互动关系，营销者需要通过一些方法来突出主体的地位，如通过灯光、环境的布置在画面的中央展示主体，使受众能一目了然地看到视频的主体内容，又如通过背景的虚化、旁白的设置、环境的烘托、陪衬物的衬托等来强调主体。图 3-55 所示的商品推广视频就通过蓝色花瓣渲染了一种高雅的氛围，再将商品置于画面的中间进行展示，主体非常明确，便于受众观看与接收视频所传达的信息。

图3-55 突出主体

（4）分镜脚本

分镜脚本是将视频内容转换成立体视听形象的中间媒介，其作用是为视频画面设计提供依据，以控制视频内容的风格、节奏和呈现效果。分镜脚本的要求十分细致，每一个画面都要在掌控之中，包括每一个镜头的长短和细节，以及视频内容所要表达的真实意图，另外还需要清楚规划视频的对话和音效等。分镜脚本可以将文字转换成镜头画面，常以图表的方式来对画面进行分解和说明，并且标注运镜方式、时间长度、对白、特效等。以表格为例，分镜脚本的格式不一，一般设有镜号、景别、拍摄方式、时长、画面内容、解说、字幕和音乐 / 音效等栏目。

拍摄提纲和文学脚本

① **镜号**。镜号即镜头顺序号，可作为某一镜头的代号，通常用数字标注。在实际拍摄视频时，不必按顺序号进行，但剪辑视频时须严格按照顺序号进行剪辑制作。

② **景别**。景别包括远景、全景、中景、近景和特写等，代表在不同距离观看被拍摄的对象。景别能根据内容、情节反映对象的整体或突出局部。远景是视距最远、表现空间范围最大的一种景别，常用于展示自然风暴、地理环境和其他开阔的场景；全景主要用于表现某一具体场景的全貌，如房屋全貌、人物全身形象等；中景主要用于表现场景的局部画面或人物膝盖以上的部分；近景指物体的局部画面或人物胸部以上的部分；特写指某物体的局部画面或人物肩部以上的部分。

③ **拍摄方式**。拍摄方式有推、拉、摇、移、跟等。在进行拍摄方式的脚本设计时，要注意镜头与镜头之间的组合（如切、淡入淡出、叠化等）。

④ **时长**：时长即镜头画面的长短，一般以秒标注。

⑤ **画面内容**。画面内容即用文字叙述所拍摄的具体画面。

⑥ **解说**。解说对应一组镜头的解说词，应与画面密切配合。

⑦ **字幕**。以文字形式呈现在视频中的非对话内容等，常在视频后期处理时进行添加。

⑧ **音乐/音效**。辅助画面内容表达的背景音乐或音效效果，一般在视频后期处理时添加，主要用于渲染或增添视频的整体氛围。

制作分镜脚本是视频拍摄前期的重要准备工作，是对视频构思和文案创作的一个构想，详细且完整的分镜脚本能够提高视频的创作质量与效率。某品牌的商品推广视频分镜脚本如表 3-1 所示。

表 3-1　某款粉底液分镜脚本的策划和撰写

镜号	景别	拍摄方式	时长	画面内容	解说	音乐/音效	字幕	备注
1	全景	拉	5s	模特从走廊外走入房中		欢快、活跃		
2	中景	切	5s	模特拿出商品，拆开外包装	这是一款××的商品	欢快、活跃	商品名称	
3	近景	推	10s	模特打开商品，取出商品涂抹到脸部	商品卖点说明	欢快、活跃	商品卖点	
4	全景	切	15s	商品使用场景展示，如烈日下、水中等场景	防晒、防汗，不脱妆	轻缓		
5	中景	切	3s	商品外观展示		轻缓	商品名称、卖点	

2. 视频的内容叙述

视频不是单一的画面，它是一系列画面组成的一个完整的片段。因此，视频的内容要主题鲜明、叙事清晰、结构紧凑，在有限的时间内清楚地交代视频的前因后果，让受众能够直观、高效地获取信息。图 3-56 所示的视频内容在开头通过提出问题的方式表明主题，然后通过美妆博主的解说、演示，告诉受众不同的眼睛该如何画眼影，逻辑连贯、叙事紧凑，从开头到结尾都紧紧围绕"眼影怎么画？"来展开，帮助受众解决了疑问，能够吸引受众观看视频。

图3-56　视频的内容叙述

3. 视频的传播执行

在新媒体视觉营销中，视频是为企业营销服务的，因此需要对视频进行宣传，让受众知晓视频的存在，并引导受众进行视频的分享传播。在新媒体环境下，视频传播的途径很多，人们既可以通过微博、微信等社交媒体分享视频，也可以在抖音、美拍等短视频App中发布视频，或者通过腾讯视频、优酷等视频网站进行发布，甚至还能在线下投放视频。然后可通过一些宣传推广手法来进行视频的宣传推广，如联合"大V"、关键意见领袖、明星等转发视频，增加视频的传播量。图3-57所示为某彩妆品牌的商品推广视频，它邀请明星拍摄视频，并通过腾讯视频进行视频的上传，然后再通过该明星的微博发布该视频的成品，利用明星的影响力来带动商品的宣传、推广，快速增加视频的播放量与传播力度。

图3-57　视频的传播执行

3.3.3　信息图表

高质量的图片和视频是吸引受众注意力的首要选择，但这两者需要投入的成本较多，个人或资金不充裕的企业还可以通过信息图表来打造视觉吸引力，提高受众对信息的接受度。信息图表是信息（Information）和图表（Graphics）的结合，也可简称为信息图。它比满篇的图文内容更加精练，能够将长文章、研究报告等的数据以直观、清晰的方式进行可视化呈现，带给受众更加轻松、愉悦的阅读体验，进而促进受众浏览、转发和分享，提高信息的传播范围。图3-58所示为常见的信息图表，它通过图形和数据的结合来直观地展示信息的变化过程。

图3-58　信息图表

信息图表在新媒体视觉营销中的作用主要表现在以下几个方面。

① **简化复杂的信息**。信息图表能将大量的文字和图片信息更有逻辑、清晰地呈现出来，直接告诉受众某种结果，无须受众自己进行研究分析，使受众能更轻松、聚焦地获取信息。

② **提升受众的记忆**。信息图表中的图形和信息都较为简洁，并且其直观、震撼的视觉展示方式能让受众快速记住信息。

③ **加快信息的传播**。信息图表往往在总结、分析等场合中使用。由于受众较为关心最终的效果、结果，因此对图示化内容的接受度更高，也更容易引发。

在进行信息图表的视觉呈现时，营销者要注意以下几个方面。

① **确定信息图表的主题**。营销者在进行信息图表的视觉呈现前，首先需要确定信息图表的主题。一般可通过数据法和提问法进行确定。数据法指基于行业数据或话题数据，研究相关的数据指标并提炼出核心主题。提问法指基于受众需求，从受众需求中挖掘出具有影响力的问题，对问题进行解答并提供解决方案。

② **选择信息图表的类型**。不同的信息图表类型可表现不同的数据关系。常见的信息图表类型有统计信息图表（见图3-59）、流程信息图表（见图3-60）、时间轴信息图表、对比类信息图表（见图3-61）、分层信息图表、交互式信息图表、地理信息图表、标签类信息图表（见图3-62）等。营销者需要根据主题来选择合适的信息图表类型。

图3-59　统计信息图表

图3-60　流程信息图表

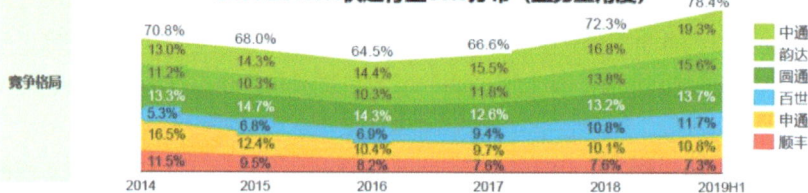

图3-61　对比类信息图表

图3-62　标签类信息图表

③ **统计与分析数据信息**。在保证数据信息来源准确性的基础上，还要对数据进行统计与分析。一般来说，营销者可以对自己的数据进行统计分析，或对行业数据和竞争对手的数据进行统计分析。

④ **设计图表的样式**。在新媒体视觉营销中，信息图表除了数据直观、准确外，图表的样式也是吸引受众视线的主要因素。美观的、布局清晰的图表样式能够快速将信息呈现出来，增强信息的视觉化效果，帮助受众理解信息，增强受众的浏览欲望，促进受众进行分享传播。营销者可以通过信息图表设计工具进行图表样式的设计，但要注意色彩、文字和整体的布局。图3-63所示为常见的图表样式。

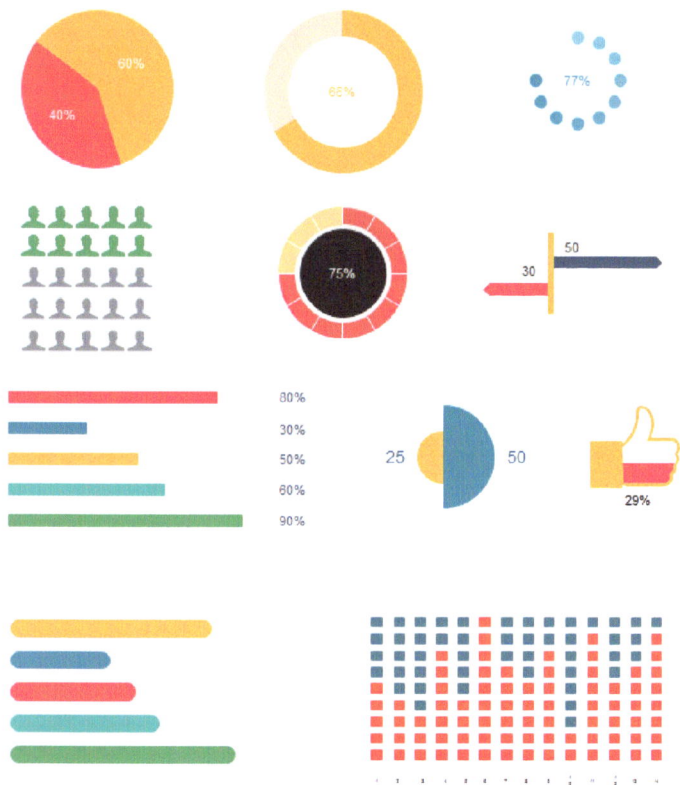

图3-63 常见的图表样式

⑤ **推广信息图表**。与其他视觉元素一样，信息图表也需要进行推广。通过微博、微信、问答平台、知识分享平台等进行推广都是不错的选择。

3.3.4 H5

H5是HTML5的简称，即第5代超文本标记语言（HyperText Markup Language，HTML）。H5在新媒体视觉营销中并不是指HTML5这种语言，而是指运用HTML5制作的移动网页，将这些网页通过微信、微博、社群等新媒体传播渠道等进行传播，吸引受众查看、参与互动，最终达到提高品牌知名度、销售商品的目的。H5 的交互性很强，适合品牌宣传、商品上新、活动推广等，它有以下几种优势。

① **跨平台性**。H5 的兼容性十分强大，因此通过 H5 页面可以同时运用在不同的终端和设备上，如 PC 端和手机端，iOS 系统和 Android 系统。这种跨平台性使得 H5 的制作成本相对低廉，能够节省企业或品牌的预算。

② **技术性**。人脸识别、重力感应、视频互动、AR/VR、全屏互动、一镜到底等技术 H5 都支持实现，营销者可结合这些技术进行 H5 视觉营销，提高竞争力。

③ **形式多样性**。H5 可以通过图形、动画、视频等不同的表现形式进行制作，企业或品牌在进行营销时，可根据自己的需求，选择合适的表现形式，提高受众的参与热情。

H5 主要通过其内容来开展视觉营销，营销者在进行 H5 的视觉呈现时，可从标题设计、视觉效果设计、交互设计和视觉流程设计 4 个方面展开。

① **标题设计**。标题是对营销内容的概括，能够第一时间引起受众注意，是受众决定是否点开查看 H5 内容的关键因素。标题要与 H5 的内容紧密联系，且合理地将重点信息呈现出来，以引起受众的好奇，进而点开 H5，查看相应内容。

② **视觉效果设计**。H5 的视觉效果，包括排版设计和颜色设计。对排版进行设计，可以使 H5 版面更加整洁、有条理，优化受众的视觉效果，使受众能够在短时间内找到自己需要的信息，提高商品或品牌营销信息的传播效率。在对版面进行设计时，要求版面干净、简洁，文字、图片、动画等合理分布，突出 H5 营销的主题与重点。而不同的颜色能够代表不同的情绪色彩，给人不同的心理暗示。因此，在设计 H5 的颜色时，营销者需根据 H5 的主题，选择合适的颜色，再经过色相、明度和纯度的调整，调和由不同色彩组合而成的整体版面颜色，使不同颜色和谐共存，这样制作出的 H5 能够在第一时间抓住受众的眼球，为企业带来更多的浏览量和转发量。

③ **交互设计**。交互设计将两个或多个互动的个体之间交流的内容和结构进行定义，从"可用性"和"受众体验"两个层面着手，关注受众的基本需求，使不同的互动动作之间相互配合，达到营销目的。

④ **视觉流程设计**。视觉流程设计指 H5 对受众的视觉引导，一般是通过不同视觉元素的合理构图和编排，引导受众浏览 H5 的视线移动顺序，使受众将视线焦点集中于营销信息上。

比如美的联合线上美食杂志"食色志"，推出的关注自闭症孩子的 H5 公益广告《食色志》，如图 3-64 所示。它的目的是为了宣传双方品牌，表达食物慰藉心灵的主题。该 H5 的视觉呈现从标题上来说，直接以品牌方的名字为名，既宣传了其线下餐厅，又包含了 H5 的内容，简洁、精准。在视觉效果设计上，以实拍的孩子的油画作品和梵高的《星空》为背景，搭配文字讲解，整体色彩丰富，颜色搭配合适，给人温暖、细腻的感觉。在交互设计上，启动 H5 后点击 H5 界面的播放按钮会自动播放视频导语，通过孩子画画的模样、孩子的作品，让受众了解自闭症孩子在绘画方面的过人天赋及此次活动的概况；然后进入主界面，受众可点击"返回上页""去下一页""进入画展"等按钮进行交互操作。在视觉流程的设计上先介绍该公益广告的内容，再通过交互设计引导受众浏览，最后再关联品牌内容，一步步让受众接收信息。

图3-64　《食色志》H5

3.4　品牌营销要素

　　新媒体视觉营销的目的是宣传企业和品牌形象，吸引受众关注，进而促进商品的销售。品牌是新媒体视觉营销中不可或缺的要素。将品牌视觉化，可以将企业抽象的品牌理念、企业文化与立体化的视觉符号关联起来，快速引起受众从视觉符号到品牌形象的联想，产生一种情感上的共鸣，树立品牌在受众心中的形象。

3.4.1　品牌与视觉营销的关系

新媒体视觉营销不能脱离品牌独立存在，品牌是企业实力的代表，品牌声誉与知名度越高，受众对企业所销售商品的信任度越高，商品也越容易拥有良好的口碑，形成广泛的消费基础。因此，新媒体视觉营销要融合品牌，通过各种视觉营销要素体现出品牌，让受众在看到推广广告或画面时就自动进行识别，快速对画面信息产生信任感。

要将品牌以视觉符号的形式体现出来，必须充分理解品牌的含义，并掌握品牌营销的作用。广义上来说，"品牌"是企业具有经济价值的无形资产，用抽象化的、特有的、能识别的概念来表现其差异性，从而在受众的意识当中占据一定位置。狭义上来说，"品牌"是一种拥有对内对外两面性的"标准"或"规则"，是通过对理念、行为、视觉、听觉4个方面进行标准化、规则化，形成的特有性、价值性、长期性、认知性的一种识别系统的总称。

品牌营销则更多地被界定为：一种媒介，可更好地帮助企业售卖商品；一种符号，可提升企业的客户黏着度；一种体验，可强化品牌的差异化优势。品牌视觉营销由两部分组成：一是品牌视觉符号，即品牌自身的传播标签，如品牌的标识、品牌的主色调、品牌的字体、品牌的摄影风格、品牌的标签等；二是品牌视觉体验，即品牌专属的服务体验。品牌视觉符号用来增强受众的品牌印象，品牌视觉体验则用来提升受众对商品的好感。二者结合就可形成品牌特有的差异化视觉营销效应。

对于新媒体视觉营销来说，视觉效果的呈现是非常重要的，如果能够通过品牌的传播力，在新媒体媒介中通过一张图片、一个页面或一个系统的视觉符号来打造系统的线上品牌视觉营销，将大大降低企业的营销成本，提升客户黏着度、转化率和复购率。

3.4.2　品牌的标识

品牌标识是较为典型的品牌视觉符号，它通过具有代表性的符号、图案、色彩、文字等向受众传达品牌信息，以达到品牌识别和品牌形象塑造的目的。独特的、具有标识性的品牌标识能够快速让受众识别，引起共鸣。品牌标识一般以具有辨识度的品牌Logo、商品外形、商品名称等为主。图3-65所示为常见的品牌Logo，受众在看到品牌Logo时就会快速联想到该品牌。

图3-65　品牌Logo

图3-65 品牌Logo（续）

图3-66所示的商品，因其外形和鲜红的颜色而被受众称为"红腰子"。当受众看到这款商品的外形时，即可想起该商品的品牌"资生堂"，加深该品牌在心中的印象。

此外，还可以通过打造一个具体的形象来建立品牌标识。比如，腾讯QQ就通过Q版的企鹅形象来进行品牌标识的建立。首先，小企鹅给人可爱，Q萌的印象，而可爱的英文是"cute"，其读音与Q类似，然后结合与"Q"外形相似的企鹅形象的设计，体现出其可爱的特点，使其与腾讯QQ的品牌形象结合得更加紧密。可爱的、有辨识性的企鹅形象使受众识别和记忆，快速建立起品牌在受众心中的形象，使受众在看到与企鹅相关的形象时就联想到腾讯QQ，这就是品牌视觉符号最直接的体现与最直观的营销效果。图3-67为腾讯QQ在进行新媒体视觉营销的过程中对其品牌标识——企鹅的形象设计，这些页面都很好地传达了其品牌形象，也十分方便受众识别和传播。

图3-66 资生堂"红腰子"

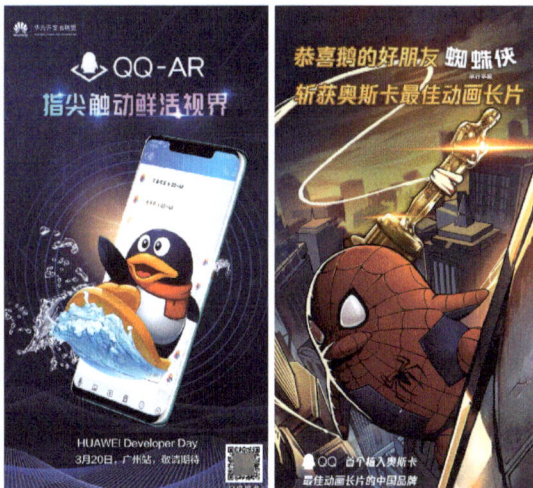

图3-67 腾讯QQ的企鹅形象

3.4.3 品牌的主色调

要想做好品牌的视觉形象传播，规范品牌的主色调十分重要。品牌的主色调需要一个统一的标准，为了获得具有辨识度的、统一的品牌整体色彩效果，要根据设计需求、主题诉求等进行色彩的搭配组合，选择能够体现品牌主题的一种颜色作为主色，然后选择与主色相匹配或互补的其他颜色作为辅助色，保证品牌色彩的协调和美观。比如美团为了统一线上线下的视觉化形象，打造从流量到品牌一体化的视觉形象，将其品牌主色调改为了黄色，图 3-68 所示为美团的主色调修改前后的部分对比效果。

图3-68　美团的主色调修改前后的部分对比效果

从图 3-68 可以看出，不管是在品牌主色调修改前还是修改后，美团的主色调都比较统一。在 2019 年 6 月 13 日，美团正式将品牌主色调改为黄色，黄色是热情、温暖的象征，与美团"帮大家吃得更好，生活更好"的品牌理念相符合，更能体现其为受众提供优质、有温度的服务的品牌文化。从美团品牌的主色调中可以发现，黄色是其品牌主色调的主色，黑色和白色是辅助色，3 种颜色的搭配很好地平衡了画面的视觉效果，给受众良好的视觉体验。同时，为了统一其品牌的主色调，打造统一的视觉形象，美团开展了全面的色调统一工作，线上、线下的各种宣传物料、周边商品等都围绕该主色调进行设计，快速将其新的品牌主色调传达给受众，让受众接受并认同其品牌主色调，进而更好地建立品牌形象。图 3-69 所示为美团在线上、线下对其品牌主色调的应用。

图3-69　美团在线上、线下对其品牌主色调的应用

🎓 **经验之谈**

> 品牌的主色调一经确定后不建议经常修改，但当企业发展战略发生变化或经营理念更新换代时，则要根据其变化来进行相应的修改。正如美团一样，美团最初是一家团购企业，其品牌主色调以绿色为主，但随着其发展规模的扩大，美团逐渐发展为涵盖团购、外卖、生鲜、打车等综合服务于一体的品牌，为了符合其发展战略，美团才将其品牌主色调改为黄色，并通过各渠道进行主色调的统一与宣传推广，建立新的品牌主色调在受众心中的印象。

3.4.4　品牌的字体

　　品牌的字体与品牌的标识、品牌的主色调一样，具有较强的认知性，从品牌视觉营销的角度来看，使用统一的字体可以增强品牌的视觉表现力，强化品牌识别效果，达到传播品牌、扩大品牌影响力的目的。

　　字体是品牌视觉符号和形象立体化的重要组成部分，品牌需要寻找能够准确表达自身情感的字体，凸显品牌特征，从而吸引消费者，传播品牌。品牌字体的选择依据品牌自身定位、商品特性等因素而定。例如，需要突出品牌的理性、严谨、经典等时，往往会选择字形挺拔、棱角分明的字体，设计出方正整齐、气势凛然、节奏分明的字体效果；需要突出品牌个性、激情、活跃时，往往会选择造型独特、效果突出的字体，设计出视觉冲击力强、个性张扬的字体效果，给人视觉上的震撼。图 3-70 所示为雅诗兰黛的品牌Logo 字体设计，从中可看出其字体的整体效果较为沉稳、端庄、大气，并且经过设计的字体边角的转折也较为圆润，与其品牌推崇的优雅、内涵、年轻、自信的文化理念相符。同时，这种字体风格也延续到了它开展新媒体视觉营销的方方面面，图 3-70 所示的海报设计、商品介绍等文字字体都与其品牌 Logo 的风格一致，为受众传达了统一的品牌字体风格，建立了良好的品牌形象。

图3-70　品牌的字体

3.4.5　品牌的摄影风格

摄影风格是指商品拍摄、模特拍摄的主要风格。商品是品牌视觉打造的主要对象，大部分品牌都依靠商品吸引受众，商品图片的质量直接影响品牌视觉营销的效果和价值。具有特色和代表性的拍摄风格不仅可以给受众带来耳目一新的视觉感受，快速吸引受众的视线，引起他们的关注，还能提升企业整体品牌设计的美感，打造鲜明的品牌形象。图 3-71 所示为小米手机的摄影风格，从中可看出其商品摄影的风格统一，以竖屏的形式展示了商品的外观，整体呈现出简洁、大方的感觉。图 3-72 所示将拍摄后的小米手机图片进行处理的效果，从中可看出其处理风格都是根据商品的颜色来搭配场景化的背景，在保证商品摄影风格的统一性基础上，又根据商品的特点增添了差异化效果，其整体风格仍是统一的，给受众非常直观、美好的视觉体验，能吸引受众查看并点击浏览。

图3-71　小米手机的摄影风格

图3-72 小米手机商品图片的处理风格

3.4.6 品牌的标签

除了前面介绍的几项内容外，标签也是传播品牌形象的重要元素，是受众对品牌的重要记忆点之一。标签是一种辅助的品牌视觉符号，可以让品牌整体的视觉呈现更加标准化和系统化，在进行品牌形象的视觉化呈现时，营销者应该对标签的使用进行规范，包括对其形状、大小、颜色、字体、间距等的规范。图 3-73 所示为汰渍对标签的应用，从中可看出其标签主要有两种形式，一是宣传推广图中放在图片左上角的品牌 Logo 标签，二是商品促销图中用来展示促销信息的促销标签，这两种标签的位置、样式等都十分统一。

3.4.7 品牌的视觉体验

品牌视觉体验更注重品牌整体视觉输出的质量、调性、态度。大到品牌设计风格，小到营销语的字形大小，每一个细枝末节都决定着视觉输出最终的感染力。而要构建行之有效的品牌视觉体验，营销者就要精准地进行品牌的视觉定位，定位自己品牌的线上优势、目标受众的视觉喜好，从而构建系统的、具有营销效应的品牌视觉体验。品牌视觉定位要以"打造品牌"为中心，以"竞争导向"和"受众心智"为基本点来进行。以促成一批持久追随品牌理念的忠实粉丝。

图3-73　汰渍的标签

🎓 **经验之谈**

在品牌视觉化的过程中，应避免对标签的形态、样式等进行频繁修改，受众重新接受和认识标签会对品牌造成很大的影响，也不利于培养受众稳定的品牌记忆点。

3.5　商品营销要素

商品与视觉营销是密切相关的，对受众消费心理的把握和商品视觉的打造，能够发挥视觉的引导作用，向受众传达商品信息并吸引受众购买商品，形成从视觉形象到商品销量的转化，提升商品的销量。

3.5.1　商品与视觉营销的关系

美观并不是新媒体视觉营销最重要的一点，美观的作用主要是快速吸引受众的注意力，真正促使受众产生进一步行为的是视觉画面所体现出来的商品营销信息。视觉营销中的商品营销信息主要指在深入挖掘并满足受众需求的基础上，从商品本身出发，将商品卖点有技巧地呈现给受众，直击受众痛点，打消受众顾虑，以提升受众的购买欲望。

由此可以看出，新媒体视觉营销的核心是受众体验，视觉效果能够满足受众的需求或解决受众的问题才是新媒体视觉营销最关键的因素。

图3-74所示为视觉设计与商品营销信息结合的案例。其中，图3-74（a）通过绚丽的背景和画面中间的商品外观体现了活动氛围，同时配以醒目的"12月8日特卖大会"文字表明活动主题，然后以"好牌子的年度超低价！"表明商品参加了促销活动，且价格优惠，最后再通过底纹的设计来突出显示活动信息，通过线条引导的方式告诉受众该商品的价格变化，让受众直观地感受到商品的优惠程度。图3-74（b）以清新的蓝色为主色调，搭配美观的商品图片来吸引受众的注意力，然后通过文字告知受众活动信息，并以"榨汁机8.18元秒杀"的超低价格信息来吸引受众点击。图3-74（c）通过中心构图的方式在画面的正中间展示商品，然后通过背景的烘托进一步突出商品，配以"5折"等优惠信息吸引受众的目光，最后再通过搜索框向受众展示如何获得优惠折扣，给了受众行动的动力和方向，进一步激发受众产生购买行为。

（a）　　　　　　　　　　（b）　　　　　　　　　　（c）

图3-74　视觉设计与商品营销信息的结合

3.5.2　商品图片的拍摄

新媒体视觉营销是通过商品图片来呈现商品信息的，高质量的商品图片能够完整地展示商品的外观和特点，方便设计人员根据营销目标制作视觉效果图，最终提高商品的点击率、转化率。下面对商品图片拍摄的基础知识进行介绍。

微课：商品图片的拍摄

1. 拍摄前的准备工作

拍摄商品图片前需要进行一定的准备工作，主要包括商品的清洁与摆放、商品拍摄

环境的构建等，下面分别进行介绍。

（1）商品的清洁与摆放

保证商品的干净与整洁是拍摄的前提。拍摄商品图片前，首先需要擦拭商品，保证商品表面没有污迹和指纹，其次，虽然商品的外部形态无法改变，但拍摄时可以充分发挥想象，通过造型设计和商品外部曲线的美化，增添商品的美感。有些商品的正面好看，有些商品的侧面好看。因此，要从最能体现商品美感和特色的角度进行拍摄，选择最能打动受众的角度来展现商品。一般来说，除了正面、侧面等角度外，还需拍摄侧视，如20°～30° 侧视、45° 侧视的各个角度的图片。图 3-75 所示的画面中，每个角度至少要拍 2~3 张图片，从而比较全面展现商品的特点。

图3-75　不同角度的商品图片

当需要拍摄多件商品时，还要注意多件商品在同一个画面中的摆放方式，既要考虑造型的美感，也要符合构图的合理性。因为画面上的内容过多就容易导致杂乱，此时，可采用有序列和疏密相间的方式进行摆放，既能使画面饱满丰富，又不失节奏感与韵律感，如图 3-76 所示。

图3-76　多商品摆放

（2）商品拍摄环境的构建

商品特点与形态不同，拍摄所需的环境就不同，一般可按照室内和室外分别进行环境的构建。室内适合需要静态表现的商品，室外适合需要动态表现的商品。

① 室内拍摄环境。室内拍摄环境根据商品体积的大小可分为小件商品的拍摄环境和大件商品的拍摄环境。

· 小件商品的拍摄环境。小件商品适合在单纯的环境里进行拍摄，因为小件商品本身体积小，拍摄时占用的空间较小。微型摄影棚能有效地解决小件商品的拍摄环境问题，既避免了布景的麻烦，又能拍摄出漂亮、主体突出的商品照片，如图 3-77 所示。在没有摄影棚的情况下，尽量使用白色或纯色的背景来替代，如白纸或颜色单一的桌布等。

图3-77　小件商品的拍摄环境

- **大件商品的拍摄环境**。进行室内大件商品拍摄时，要尽量选择整洁且单色的背景，照片里最好不要出现其他不相关的物体，为了衬托商品而使用的参照物或配饰除外。图3-78所示为室内拍摄大件商品的环境布置，室内拍摄大件商品对拍摄场地的面积、背景布置、灯光环境等都有要求，需要准备辅助器材，有柔光箱、三脚架、闪光灯、引闪器、反光板等。

图3-78　大件商品的拍摄环境

② **室外拍摄环境**。室外拍摄需要选择一个好的室外环境，通过室外背景光线和拍摄手法的结合，可以拍摄出吸引受众眼球的照片。一般来说，拍摄时尚、前卫的服装时可选择商业气氛浓厚的闹市区、商场、酒吧作为背景，而拍摄自然清新的森女系服装时则可选择森林、草地等作为背景，以展现清新自然的感觉。如图3-79所示为常见的室外商品拍摄。

图3-79　室外拍摄

室外拍摄主要是采用自然光加反光板补光的方式进行，拍摄时需要注意一些禁忌，下面分别进行介绍。

- **忌阳光直射**。阳光增加了物体良好的反光条件，使画面更富有生机，色彩更加饱和，为使用小光圈和高速快门提供了良好条件。但是强烈的阳光也会增添一些负面问题，最为突出的是，耀眼的光线会使被摄人物睁不开眼，同时，如果拍摄人物时，高角度的直射阳光照射在人物脸上会造成浓重的阴影，显出人物皮肤皱纹，损害人物形象。所以在室外拍照时，应多让阳光从侧面照射被摄人物，忌脸部直接面向太阳。

- **忌人物与有色环境过近**。在明亮的光线照射下，物体的反光会增强，在这种情况下，人物应尽量远离那些色彩明艳的景物（如刚被粉刷过油漆的建筑物、遮阳棚等），否则那些景物的色彩会映射到人物身上，造成偏色。

- **忌忽视滤光镜**。在室外无云的蓝天下，所有避光处都带有蓝色色调；而在暮日的辉光映照下，所有的景色都染上了一层橙红色。若想在这样的环境中，让摄得的景色保持原有的色彩，就必须在镜头前装上相应的滤光镜，在前一种情况下可选用淡红色或琥珀色的滤光镜，在后一种情况下可选用淡蓝色滤光镜。

- **忌胡乱补光**。明亮的日光照射下，景物会有很强的反差。为避免反差过大，运用辅助光进行辅助照明是有效的，但要掌握好分寸，既要避免辅助光过亮，也要避免露出辅助光的痕迹（如出现与主光相反的投影）。

- **忌逆光直冲镜头**。在光线很强的情况下拍摄逆光照，要防止光线直冲镜头，否则很容易产生光晕现象。

2. 拍摄的方法

在拍摄商品图片时需要掌握一些方法，以使拍摄的图片能够更加全方面地展现商品的特征和卖点。

（1）场景拍摄

很多企业都喜欢拍摄白底商品图，因为白底图拍摄起来更加简单方便，成本投入较低，而这也造成了商品图片视觉效果太过单一，商品特点不够突出，无法引起受众注意的现象。因此，通过构建场景来打造具有创意的商品图片画面，可使商品图片的表现力更加突出，提升商品图片的质量。

从视觉吸引的角度上来说，商品图片拍摄中最吸引受众眼球的是商品，而为使商品图片充满创造力与想象力，通过具有创意的场景风格来展现商品的质量是商品拍摄中的重要表现手法。构建场景时需要基于商品的特点，确定一个表现的主题，然后通过模特、搭配的饰物、背景材料、道具装饰物等构建场景，最后再拍摄商品。例如，一款护肤品的特点是补水保湿、爽肤，围绕"补水"这个主题，可以构建一个水气弥漫的背景，如图 3-80 所示。围绕"爽肤"这个主题，可以构建冰雪、清凉的画面，如图 3-81 所示。场景构建的方法很多，具体可根据实现的难易程度进行考虑。

（2）外观拍摄

外观拍摄是指对商品主体的外观进行全面、多角度的拍摄，主要包括商品不同角度（正面、侧面、底部等）的展现、商品平铺拍摄和立体拍摄等，如图 3-82 所示。

图3-80　"补水"场景　　　图3-81　"爽肤"场景　　　图3-82　外观拍摄

（3）对比拍摄

在进行商品大小的展示时，为了更好地让受众了解商品的实际大小，可以通过参照物的对比进行拍摄。通过选用日常生活中常见的事物作为参照物，并将其放置在商品拍摄的场景中进行比照，以直观地传递商品的实际尺寸，如图 3-83 所示。

图3-83　对比拍摄

（4）特征拍摄

特征拍摄即细节拍摄，建议使用定焦镜头或微距镜头拍摄受众比较关注的细节。以服装商品为例，其拍摄细节主要包括款式细节、做工细节、面料细节、辅料细节和内部细节等内容。

- **款式细节**。主要体现商品的设计要素，如领口、袖口、口袋和拼接等。
- **做工细节**。主要体现商品的走线、接缝、里料和内衬拷边等。
- **面料细节**。主要体现商品的材质、颜色、纹路和面料等。
- **辅料细节**。主要体现商品的辅助细节，如商标、用料和点缀等。
- **内部细节**。主要体现商品的内部构造细节。

图 3-84 所示的商品图片就从领口、纽扣、内缝线和下摆等细节出发进行拍摄，帮助受众快速了解商品的质量，增加受众的购物信心。

图3-84　细节拍摄

（5）卖点拍摄

卖点拍摄就是针对文案策划中所确定的商品的主要卖点进行专门拍摄，如为了说明苹果是糖心的，可以将其剖开，甚至将苹果的糖心部分切下来，通过拍摄展示给受众，如图 3-85 所示。

图3-85　卖点拍摄

3.5.3　商品图片的选择

商品图片是影响受众的消费决策的重要因素，也是新媒体视觉营销前会着重设计的视觉元素。因此，挑选出适合进行展示或便于设计人员后期创作的商品图片非常重要。一般来说，商品图片需要具备以下几个要素才符合要求。

① **图片清晰**。清晰是商品图片的基本要求。清晰的图片不仅能吸引受众的眼球，还能展示商品的细节，更加坚定受众的购买信心。

② **背景干净**。背景是为商品服务的，不能使用太过花哨的背景，以免喧宾夺主。干净的背景会让商品更加突出，让画面显得和谐统一。

③ **色彩和谐**。商品图片的整体颜色一定要与主体商品的颜色相符，不能失真。

④ **大小合适**。商品图片中的主体商品不能太大，也不能太小，否则会影响视觉感受。

⑤ **打光自然**。自然的光线是拍照成功的重要因素之一。打光一般采用专业的闪光灯，

否则拍摄出的照片会偏灯光的颜色。两侧布光、两侧 45° 布光、前后交叉布光和后方布光比较常用，这样拍摄出的商品比较自然，也能展示出质感。

⑥ **风格统一**。在同一页面上，统一的图片风格会使受众感觉清爽整齐。因此，应尽量使用相同的背景、相同的光源、相同的角度和相同的相机摆放位置进行拍照。

3.5.4　商品卖点的挖掘

商品卖点就是商品具有的别出心裁或与众不同的特点、特色。卖点既可以是商品与生俱来的特点，也可以是通过创意与想象力创造出来的特点。同时，卖点如果能够与受众痛点（消费需求）结合起来，就能快速唤起受众强烈的购物欲望。那么，怎么来挖掘商品卖点呢？最常用的方法是使用 FAB 法则。FAB 法则，即属性（Feature）、作用（Advantage）和益处（Benefit）法则，它是一种说服性的销售技巧，在商品卖点的提炼中也十分常用。FAB 法则中 F、A、B 所代表的含义如下。

F：代表商品的特征、特点，是商品最基本的的功能，主要从商品的属性、功能等角度来进行挖掘，如超薄、体积小、防水等。

A：代表商品特征发挥的优点及作用，需要从受众的角度来考虑，思考受众关心什么，受众心中有什么问题，然后针对问题从商品特色和优点角度进行提炼，如商品是否方便携带，电池是否耐用。

B：代表商品优点、特性带给受众的好处、益处，应该以受众利益为中心，强调受众能够得到的利益，以激发受众的购物欲望，如视听享受等。

其实，也可以简单地将 FAB 理解如下。

F：商品有什么特点，特色是什么。

A：商品的特点、特色所呈现出来的作用是怎么样的。

B：具体能给受众带来什么利益。

一般来说，从商品的属性来挖掘受众所关注的卖点是最为常用的方法。每个商品都能够很容易地发现 F，每一个 F 都可以对应到一个 A 和一个 B。需要注意的是，受众最关注的往往是商品的作用和直接的收益。比如一款婴儿手推车的 F 是模式多样、操作方便、安全性能高，那么它所呈现的 A、B 如下：座椅模式、推车模式和睡篮模式三者间可以随意切换，方便受众操作；提篮采用了安全座椅的设计方式，按下按钮即可切换，避免宝宝跌出、摔伤；推车底座有 55cm，避免与其他东西冲撞，保护宝宝安全；简易折叠，快速收放，即使是力气较小的女生也能操作自如等。

将商品的卖点提炼出来后，设计人员通过视觉设计手法对其进行美化、设计，合理地展示并放大商品卖点，才能实实在在打动受众，吸引受众点击浏览，甚至促进受众加购下单。图 3-86 所示为婴儿手推车的部分卖点视觉设计效果。

图3-86　商品卖点的视觉化呈现

3.5.5　商品文案的呈现

文案主要用于表现商品信息，它一般以文字的形式出现，通过与商品图片、视频等的搭配来实现商品的视觉营销。商品文案一般是对商品的设计理念、文化价值、技术参数、功能卖点等的提炼，将这些信息以受众易于识别和接收的方式呈现出来，能引起受众注意，促进转换。商品文案的呈现方法主要有以下几种。

① 简单化呈现。营销者在进行商品文案的视觉化呈现时，要在保证文案没有歧义的前提下，使用受众熟知的、简单易懂的词语进行描述。切忌为了凸显自身的品位而使用太过专业化的、复杂的或深奥的词语。图 3-87 所示的画面中，营销者为了表现耳机的音

色特点，用了"生物振膜"这种专业词语和耳机结构，这种表现手法对于受众来说可能不太好理解。生物振膜主要表现的是声音的自然特性，其实完全可以通过受众熟知的词语来进行文案的呈现，如营造一个聚会的场景，通过人物佩戴耳机听音乐来体现该耳机的声音特质，并搭配文案"喧闹中还你一片宁静"等就更容易让受众理解。

② **具象化呈现**。具象化就是指将抽象的概念、理念与商品的使用场景进行融合，将抽象的内容与受众熟悉的事物相结合，从而更好地用受众容易理解的方式来进行商品信息的展示，帮助受众清晰、准确地理解商品的特色功能和理念。图 3-88 所示的画面中，营销者为了表现商品轻的卖点，使用文案"出行零负担""20 英寸比 3 瓶 1 升的水更轻"等来进行视觉化呈现。同时，还通过人物提着行李箱与搬运未收纳进箱子的东西的场景进行对比，传递出商品轻盈、实用的特点，让受众快速建立起对商品特点的认知。

③ **拟人化呈现**。从视觉信息接收的角度来看，拟人化更容易引起受众的注意，因此可以通过将描述商品特点、功能的静态化文案转化为描述其实际使用过程中的便捷、人性化操作的拟人化文案，来增强其视觉表现力。图 3-89 所示的画面中，营销者通过文案"来泡我奥"将商品拟人化，再同时结合浴室泡澡的画面来直观地体现商品可泡的特点。

图3-87　太过专业的文案　　　　图3-88　具象化呈现　　　　图3-89　拟人化呈现

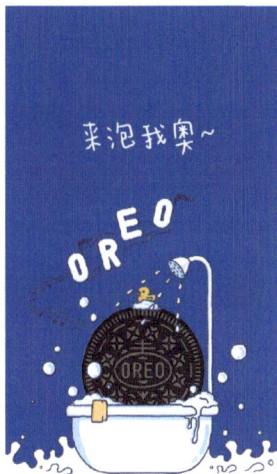

④ **感官化呈现**。从信息感知的角度来看，能够调动五官功能的文案更容易触动受众的感知力，强化受众对商品的印象，并形成更具画面感的视觉体验。例如，描述食品类商品时，可以使用酸、甜、苦、辣、咸、涩、浓、淡等与味觉有关的词语；描述音乐类商品时，可以使用悦耳、动听、清脆等与听觉有关的词语。图 3-90 所示的文案中感官化呈现有以下体现。通过"听几首歌的时间"等听觉词语来表现自热火锅快热即食的特点；通过"脆""爽""火辣过瘾"等味觉词语来表现食材的口味；通过"蘸"等动作词语来表现使用的方式；最后再通过红色来提升整体的视觉效果，给受众直观的感受。

图3-90　感官化呈现

3.6　拓展阅读

图片是新媒体视觉营销的重要表现形式，营销者除了了解版式的布局方式外，还要掌握图片的构图方式，以提升制作的图片的视觉效果，增加图片对受众的吸引力。下面对常见的图片构图方式进行介绍。

1.　三角形构图

三角形构图指将图片的主体信息摆放到一个三角形区域内。三角形构图可以让画面十分稳定，视觉中心突出，便于受众快速获取图片信息，如图3-91所示。

2.　九宫格构图

九宫格构图也称"井"字构图，是将整体画面分成9格，并产生4个交叉点，交叉点位置即主体商品或主要信息的位置。九宫格构图可以使画面十分舒适灵活，如图3-92所示。

3.　对角线构图

对角线构图是指沿着画面中两个对角之间的线条进行构图，线条可以是直线、曲线、折线等。对角线构图呈现倾斜模式，可以使画面更有立体感、延伸感和运动感，更有视觉张力，如图3-93所示。

4.　中心构图

中心构图是指将主体放在画面中间，可以突出主体、平衡画面，且能快速集中受众的视线，如图3-94所示。

图3-91 三角形构图

图3-92 九宫格构图

图3-93 对角线构图

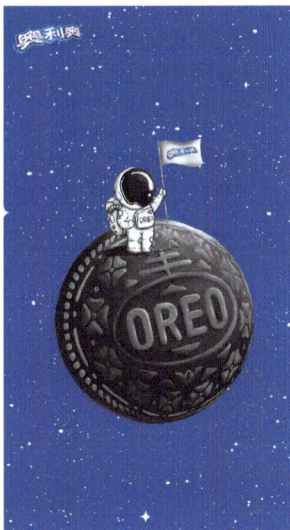

图3-94 中心构图

5. 放射式构图

放射式构图是指以主体为核心，向四周扩散排列的构图方式，常用于需要突出主体而场面又较复杂的场合，如图 3-95 所示。

6. 散点式构图

散点式构图是指将图片的主体分散形成单独的点，一般用于数量较多的商品构图设计，可以形成商品数量丰富的视觉效果，如图 3-96 所示。

图3-95　放射式构图

图3-96　散点式构图

 经验之谈

版式布局中的对称式布局、中轴式布局、分割式布局、倾斜式布局等也可灵活应用到图片的构图中。

3.7　课后练习

（1）从点、线、面三个角度分析图 3-97 所示的画面。

（2）从色彩、文字、图片三个角度，分析图 3-98 所示的画面。

图 3-97　点、线、面分析

图 3-98　色彩、文字、图片分析

（3）从色彩、版式、信息图表三个角度，分析图3-99所示的画面。

图3-99　色彩、版式、信息图表分析

（4）某家电品牌要上架一款新品，如何通过动图来展示商品的外观？

（5）某定位于现代科学生活的美妆品牌的品牌理念是"畅销生活，美丽自然"。现要求你为该品牌进行品牌视觉形象的策划，为该品牌进行标识、主色调、字体、摄影风格的定位。

（6）在练习（5）的基础上为该品牌的商品制订一份视频营销方案，策划视频的拍摄方式、画面表现方式与传播执行方式。

第4章

文字视觉营销

　　文字是体现营销信息的最简单的手段。掌握文字的视觉营销方法可以让营销信息的展现更加美观且更具吸引力，从而刺激受众产生浏览、点击、购买等行为。本章将先对文字的基础知识进行介绍，再分别对文字视觉营销的要求、文字视觉营销的重心以及文字视觉营销的韵律进行讲解，帮助营销者提升文字视觉营销的能力。

4.1 文字的基础知识

文字是必不可少的传播媒介，人们在日常生活中读书看报、与人沟通交流时都少不了文字。在新媒体视觉营销中，文字也是十分重要的，文字不仅能作为内容的直接呈现，还能作为装饰画面的一种元素，其视觉效果的好坏，能直接决定受众对营销信息的喜好。因此，合理地对文字进行视觉呈现，是传递信息与提升商品销量的重要条件。本节将先对文字的基础知识进行介绍，包括文字的字体、字号、颜色、间距和对齐方式等，为视觉营销的后期操作打下基础。

4.1.1 文字的字体

字体是体现文字情感的重要方式，准确且与商品或品牌定位相符的字体能够凸显品牌特征，使受众产生情感上的共鸣。例如，科技类和运动类品牌往往会选择挺拔、粗犷、棱角分明的字体来突出其气势磅礴、个性张扬的品牌形象，以明确的字体来给人视觉上的震撼。下面主要从字体的类型与字体的选择两个方面进行介绍。

1. 字体的类型

不同的字体类型可以表达不同的情感，图4-1所示为几种不同的字体。可以看出，字体不同，文字所呈现的笔画、走向与带给受众的视觉感受就不同，营销者在进行新媒体视觉营销时，首先要根据品牌或商品的风格或特点来定位字体，以更好地体现主题，精准地向受众传达营销信息。字体有中文字体与英文字体之分，下面分别进行介绍。

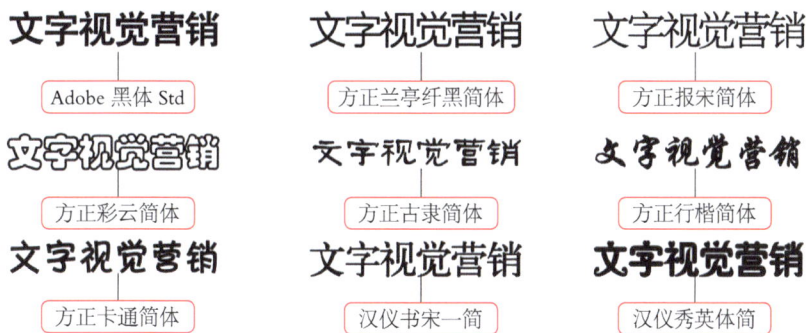

图4-1　几种不同的字体

（1）中文字体的类型

传统的中文字体主要有正、草、隶、篆4种，但从字体带给受众的视觉感受的角度来说，中文字体又可以分为宋体类、黑体类、书法体类、圆体类和艺术体类等。

① **宋体类**。宋体类字体是比较传统的中文字体，其字形较方正、纤细，结构严谨，笔画横细竖粗，末尾有装饰。整体给人一种秀气端庄的感觉，在保持极强的笔画韵律性

的同时，能够给受众一种舒适醒目的感觉，如图4-2所示。宋体类字体能给人一种古典、清新的感觉，不仅适用于正文，也适用于标题，常见的宋体类字体有仿宋、华文中宋和方正小标宋简体等。宋体的点、撇、捺、钩等笔画有尖端，是一种衬线字体；仿宋的笔画走向与宋体几乎相同，但要稍细一些；华文中宋与宋体有较大的差别，字形稍粗，较方正和醒目；方正小标宋简体的字形更大、更醒目，更适合作为标题使用。图4-3所示为不同的宋体字体的差别。

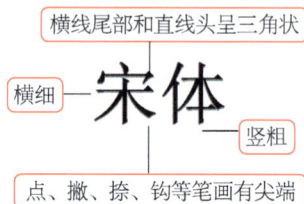

图4-2　宋体类　　　　　　　　　　　　　　图4-3　不同的宋体

　　② **黑体类**。黑体又称方体或等线体，没有衬线装饰，字形端庄，笔画横平竖直，粗细几乎完全一致。黑体类字体商业气息浓厚，其"粗"的特点能够满足受众"大"的要求，常用于表现阳刚、气势、端正等含义，可用于科技、数码、运动等品牌或商品的视觉设计，如图4-4所示。常见的黑体类字体有方正细黑一简体、方正兰亭中黑简体、汉仪粗黑简和方正超粗黑简体等，它们在笔画上的特点与黑体类似，但粗细不同，图4-5所示为不同的黑体字体的差别。

　　③ **书法体类**。书法体类字体具有较强的文化底蕴，字形自由多变、顿挫有力，在力量中掺杂着文化气息，可用于渲染雅致、古典等氛围，如图4-6所示。书法体主要包括篆书、隶书、楷书、行书、草书等类型。篆书（大篆、小篆统称为篆书）的笔法瘦劲、挺拔，直线较多，起笔有方笔、圆笔和尖笔等不同的笔法；隶书（秦隶、汉隶）的字形一般较宽、扁，笔画横长竖短；楷书的字形端正、有笔锋；行书是楷书的流动写法，笔画较楷书略简，笔势流动，无论是点、横，还是撇、捺，都强调减锋为主；草书是在隶书的基础上演变而来的，其特点是结构简省、笔画连绵。图4-7所示为这几种书法体类字体的案例。

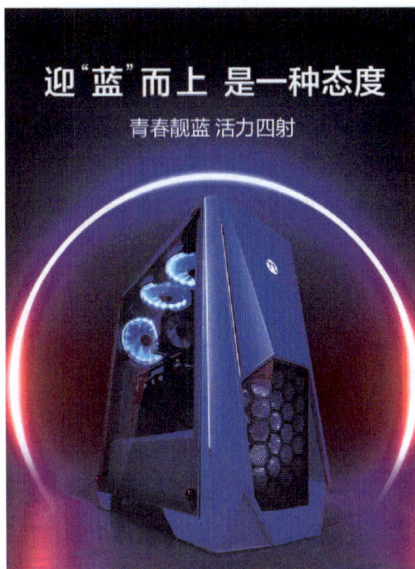

图4-4 黑体类

没有衬线

黑体

横竖笔画粗细一致

图4-5 不同的黑体

青春靓蓝

方正细黑一简体

青春靓蓝

方正兰亭中黑简体

青春靓蓝

汉仪粗黑简

青春靓蓝

方正超粗黑简体

图4-6 书法体类

方正小篆体

方正隶书简体

方正北魏楷书简体

方正行楷简体

方正黄草简体

图4-7 不同的书法体

④ **圆体类**。圆体类的字体清晰、端正,笔画的拐角处和末端呈圆弧状,可用于标题设计,如图 4-8 所示。圆体类的字体众多,如幼圆、方正细圆简体、汉仪中圆简、方正粗圆简体等,其中幼圆的笔画更细长,拐弯的处理尤其细腻,图 4-9 所示为不同圆体类字体的差别。

图4-8　圆体类

图4-9　不同的圆体

⑤ **艺术体类**。艺术体类字体指一些非常规的特殊印刷用字体，常用于美化画面，提升艺术品位。常用的艺术体类字体有娃娃体、新蒂小丸子体、综艺体、汉鼎、文鼎等，如图 4-10 所示。

图4-10　艺术体类

（2）英文字体的类型

英文字体可大致分为衬线字体、无衬线字体和其他字体。

① **衬线字体**。衬线字体强调了每个英文字母笔画的开始和结束，容易识别，适合用于表达商品或品牌的传统、典雅、高贵、距离感等特点。衬线字体又可以分为旧体和现代体。旧体是类似手写的衬线字体，其笔尖会留下固定倾斜角度的书写痕迹，适用在文字较多的场合使用；现代体是没有手写痕迹的衬线字体，其笔画较细部分的连线是垂直的，可给人明快、冷峻和严格等印象，一般用于标题。常见的衬线字体有 Didot、Bodoni 、Century、Computer Modern 等。

②　**无衬线字体**。无衬线字体是没有衬线的字体，其笔画的粗细较为单一，没有明显的粗细过渡，类似中文字体的黑体。无衬线字体的现代感更强，字形简洁大方、美观易读，Arial、Helvetica、Brand Grotesque、Janson、Garamond 等都是常用的无衬线字体。

③　**其他字体**。除衬线字体和无衬线字体外，手写体和装饰体等其他字体也会使用。手写体较为文艺别致，常用于邀请函或书信的视觉设计，常用的手写体有 Kensington、Connoisseurs Typeface、Befindisa Script Font 等；装饰体较为别致、个性，常用于进行趣味设计。

2. 字体的选择

为满足新媒体平台快速传播的特性，帮助受众了解品牌或商品，营销者还要注意字体的选择。

①　**易读性**。一个无法辨识的画面会给营销推广带来负面影响，而清晰易读的字体对于提升画面的转化率起着非常重要的作用，因此应尽可能地保证文字的易读性，让受众可以轻松地识别与阅读。

②　**统一性**。页面中字体种类过多，就像人的情绪反复无常，会让页面感觉杂乱无章，模糊表达的主题内容。因此建议画面的字体风格应整体统一。在有明确的品牌字体规划时，应使用品牌字体；若没有品牌字体，则建议只使用 1 ~ 2 种中文字体样式，1 种英文字体样式。此外，还要注意画面中文字的整体视觉效果，如主标题与副标题的行距、字与字的间距等的统一，这些对于传达品牌特征都起着重要作用。

③　**著作权**。字体是一部作品，受著作权保护，从艺术风格在表达方式的协调统一这个意义上来说，不管是标题文字、正文文字还是营销体系文字，都要谨慎选用字体。如需使用特殊字体，需购买其著作权才能使用，降低字体侵权风险，尤其是类似"方正字库""汉仪字库""方正喵呜体""静蕾体"等独创性较高的字体。建议尽量使用常规字体，在此推荐几种免费商用的字体，如思源黑体和思源宋体、书体坊免费字体、文泉驿免费字体、王汉宗自由字型等。

4.1.2　文字的字号

文字的字号决定着文字在画面中的大小。合适的大小能够协调画面中各视觉元素的关系，让画面的展示效果更加美观、协调。在新媒体视觉营销中，文字可以按展示类型分为标题文字字号、正文文字字号，不同的应用场合文字的字号不同，下面分别进行介绍。

1. 标题文字的字号

标题文字是画面中较醒目的部分，且是受众接收信息的主要途径，因此标题文字通常是画面中最大号的文字，它又因为在新媒体视觉营销中的应用场合不同而有不同的字号要求，下面分别进行介绍。

① **图片中的标题文字**。图片是呈现文字信息的一种载体，要在既保证图片美观性的同时，又通过文字传递出信息，就要注重文字字号的大小关系。一般来说，图片中的文字不要太多，以主要信息的呈现为主。这些文字根据其重要程度可分为标题文字、副标题文字和正文文字。由于这些文字都集中在同一张图片中，因此要合理地设置文字的字号，以保证图片画面的层次清晰、主次分明。一般来说，标题文字的字号没有一个固定的值，但基本都在 28 号以上，营销者应根据图片的整体视觉呈现效果来选择合适的字号，副标题文字的字号一般是标题文字字号的 1/3，正文文字字号一般为标题文字字号的 1/5。图 4-11 所示的"品牌盛宴"标题文字的字号为 48 号，"超值精品大汇聚"副标题文字的字号大约为标题文字字号的 1/3。

图4-11　图片中的标题文字

② **文章中的标题文字**。图片中的文字一般较少，为了详细介绍内容，通常还会以文章的形式大量呈现文字，其中微博、微信、社群、社区论坛等新媒体平台中的文章较为常见。在这些新媒体平台中的文章标题主要是对文章正文内容的提炼，其字号无须设置得太大，一般不会超过 28 号，但应不小于正文字号，如图 4-12 所示。

图4-12　文章中的标题文字

2. 正文文字的字号

通过正文文字来传递更加详细的内容时，正文就必不可少。由于正文一般内容较多，因此为了让受众更容易接收并获得良好的阅读体验，正文文字的字号就需要设置适当。若文字字号太小，就容易使受众在习惯的阅读距离内看不清文字；若文字字号太大，有限的空间中无法表现更多的内容，会造成资源的浪费。一般来说，正文文字字号的设置范围在 12~24 号，但一般建议正文的字号为 14~16 号。若正文中的部分文字需要突出重点或特别标注，可通过加粗或修改文字颜色的方式来实现。图 4-13 所示的画面中，正文文字的字号为 14 号，部分文字通过加粗的方式进行突出设置，以增强受众的记忆点。

图4-13 正文文字的字号

4.1.3 文字的颜色

适宜的文字颜色不仅能贴合视觉营销设计作品的主题思想，丰富设计作品的视觉效果，还能带给受众良好的阅读体验。当文字作为设计作品的一部分时，文字的颜色应该从设计作品的设计理念、营销目的等角度出发，选择与设计作品的感情色彩相符的颜色，同时还要注意同一个画面中的颜色不要太过花哨。

以一般的叙述性文字为主体内容时，应结合内容的整体风格、情感色彩来设置文字颜色，或选择 #7f7f7f、#595959、#3f3f3f 等灰黑色，因为这 3 种颜色比纯黑色（#000000）更缓和，当其与白色或其他颜色搭配时，不会对眼睛造成过大的刺激，可以给受众带来更好的阅读体验。

图 4-14 所示的新年促销活动海报，以黑红色为主色调来渲染新年与活动气氛，海

报中的标题"折上 8 折起"以经典的黄色作为装饰，与红色的底纹与金色的描边相呼应，副标题"开门红"则通过黑色底纹红色文字的样式与主色调进行统一，时间等正文文字则直接使用百搭的灰黑色。整个海报的色彩非常和谐，同时又给受众传递出了明确的信息。

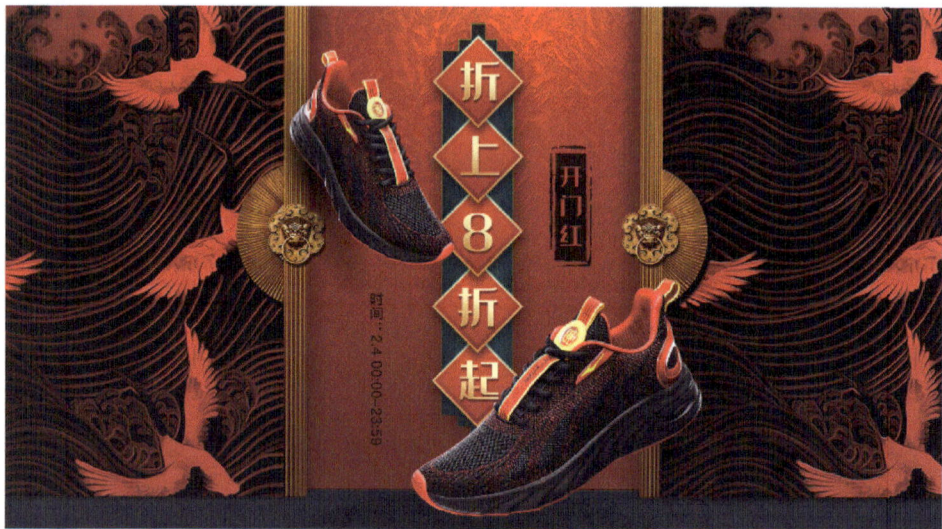

图4-14　新年促销活动海报

4.1.4　文字的间距

合适的文字距离能提升画面的美观性和可读性，使画面的结构更加清晰，内容的层次更加明确，提升画面的视觉信息层级，以更快地吸引受众的注意力，让受众更容易接受。文字的间距既包括文字与文字之间的字间距，又包含行与行之间的行间距、段落与段落之间的段间距，以及文字与边界之间的页边距，下面分别进行介绍。

微课：文字的间距

1. 字间距

字间距即字与字之间的距离。合适的字间距非常重要，若字间距太大，会让文字过于分散，影响受众的注意力；若字间距太小，文字可能会堆叠在一起，影响受众阅读与对信息的接收。

并不是所有的文字都需要设置字间距。一般来说，海报中的文字、Logo 文字、标题文字等需要营造特殊视觉效果的文字，应根据设计需求与营销目的来调整字间距。正文文字或大段文字无须特意设置字间距，保持默认或稍加调整即可，如字间距 1px 或 2px 就能够带来较为舒适的阅读体验。图 4-15 所示的商品宣传海报中的卖点文字的字间距就较大，而图 4-16 所示的商品配方说明图中的正文文字的字间距则较小，但整体保持一致，能够让受众清楚地阅读文字信息。

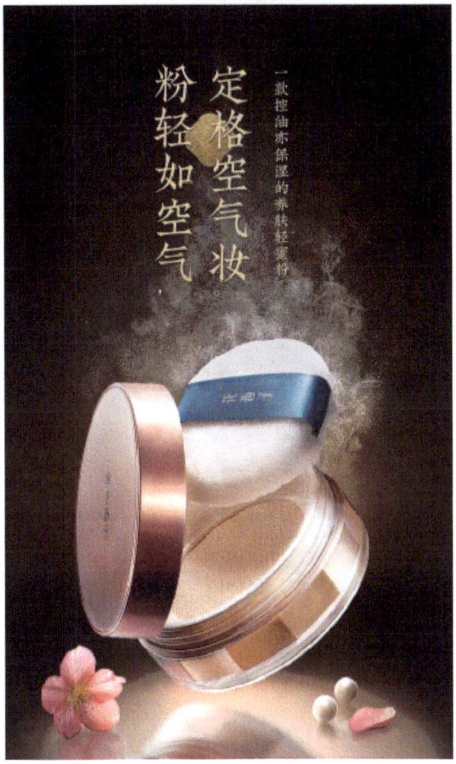

图4-15 卖点文字间距

图4-16 配方说明文字间距

🎓 **经验之谈**

　　字体的大小会影响字间距，因为文字大小不同，其笔画的点在大小的交互上的效果也不同，因此，应该先确定字体的大小再进行字间距设置。但要注意，字间距应不超过当前字体宽度的一半，否则不仅无法获得更好的视觉效果，还会使文字显得散乱。

2. 行间距

　　文字的上一行与下一行之间的距离叫作行间距，它是每行文字之间的纵向间距。设置行间距可以直接影响文字在画面中的篇幅大小。行间距不合适，就会使画面中的文字显得多，会在视觉上产生拥挤感，影响受众的视觉观察。不管是标题太长出现转行的情况，还是正文太长出现转行的情况，行间距都要根据画面的大小与文字的字体与多少进行适当调整，目前对行间距较为科学的设置是直接用字体的大小乘以 1.2~1.5 倍。图 4-17 所示的标题文字与副标题文字之间的行间距因为文字字号大而变大，正文文字的行间距则稍小一些，与画面的整体视觉设计效果相符。

3. 段间距

段间距是指段落与段落之间的距离，可以根据段落方向分为段前距和段后距。段间距应该大于行间距，这样才能将文字区分为单独的段落。图4-18所示的图片右侧的3段文字的段间距大于行间距，且保持整体一致。

图4-17 行间距

图4-18 段间距

4. 页边距

文字与画面或页面边界的距离叫页边距，也可以理解为文字与边界两端的距离。它与版式设计中的留白类似，适当的页边距可以减少画面中文字太多带来的视觉压迫感，提升受众浏览的舒适度。纵观前面列举的各个案例也可发现，文字距离边界都是有一定的距离的，这也是进行文字视觉营销时不可忽略的一大要点。

亲密性原则

从视觉信息层级的角度来说，级别越高的文字的间距就越大，再结合亲密性原则，将相似的内容归纳到一起，就能够从视觉上提升受众对信息的接收度。但总的来说，无论画面中的文字内容的多少或位置是否发生变化，只要保证各设计要素的比例相对恰当，合理控制文字的间距，就能让画面信息层级更加清晰，在满足视觉美感的同时又保证信息的高效传达。

4.1.5　文字的对齐方式

当文字较多时，随意堆砌文字会使画面显得杂乱无章、毫无规律，因此要进行文字的对齐设置，使画面呈现出整体性更强、统一性和协调性更好的效果。文字的对齐方式主要有左对齐、右对齐和居中对齐等。在同一个画面中，应保持相似的内容使用相同的对齐方式，但对于部分需要呈现特殊视觉效果的文字可单独进行设置。图4-19所示的图片中，左侧的3行文字左对齐排列，右侧的文字则竖排展示，以体现画面的古典韵味。

图4-19　文字的对齐方式

4.2 文字视觉营销的要求

了解了文字的基础知识后，营销者还应对文字视觉营销的要求进行掌握，才能更好地进行新媒体视觉营销的宏观调控。

4.2.1　样式与内容统一

样式与内容是文字视觉营销非常重要的两个方面，只有保证样式与内容的统一才能使视觉营销的效果更加直观，更能吸引受众的注意力。从样式的角度来说，文字的整体风格、笔画粗细、倾斜方向等都要统一；从内容的角度来说，文字本身是为了传递信息，因此要在确保其样式统一的基础上确保文字内容表述的一致。

① **整体风格的统一**。文字的整体风格指文字的外形样式所展现的视觉效果，以及它带给人的某种视觉感受，如有的风格给人清新、愉悦、幸福的感觉，有的风格给人严肃、雄伟、浑厚的感觉。营销者在进行文字的外观设计时，要根据版式的结构、画面的风格等进行综合考虑，选择与视觉需求相符的字体或进行个性化设计。

② **倾斜方向的统一**。统一的文字倾斜方向能够使画面的视觉效果富有动感，形成流动的韵律感。这表现在所有文字整体朝向的一致性，如统一水平排列、垂直排列或朝某个角度倾斜等，同时还要注意文字局部字体笔画的倾斜一致，以避免文字散乱，影响画面的美观与整洁。

③ **笔画粗细的统一**。笔画粗细的统一是指同一文字内容与不同文字间的相同笔画的粗细以及形态的统一，以保证其符合一定的规格和比例，使画面保持匀称美观的视觉效果。此外，统一的笔画粗细还能对画面中的内容进行区分，如标题文字统一设置为加粗大号字体，而正文则选择相对纤细的小号字体，这可以让内容的层次更分明，有利于受众阅读并对信息进行筛选。

④ **内容的统一**。文字是用于传达信息、表达主题诉求的，因此文字的内容是建立在符合主题思想的基础上的。在保证文字样式统一的前提下，文字的内容清楚地表达出主题思想，使内容与样式有效地组合在一起，才能保证画面的和谐美观，让受众准确快速地获取主题信息。

图 4-20 所示为海尔智慧厨房以图片形式发布的直播预告。该图片以蓝紫色为主色调，为了保证整体风格的统一，文字主要有两种表现形式，一是白色的文字添加了蓝紫色的外发光效果；二是直接设置为同色调的蓝紫色，文字的整体风格与图片主色调保持一致。在文字的倾斜方向上，首屏的所有文字装饰文字的底纹都统一向右上方倾斜，并且第 2、3 屏的标题也采用了同样的倾斜角度，图片的整体视觉效果统一又富有动感。文字的笔画粗细也保证了整体的统一，不同级别的文字笔画的粗细相同，信息层次清晰，且对重点信息进行了加大加粗设计，有利于让受众快速浏览并筛选信息。在内容上，所有文字都围绕直播预告进行叙述，首屏介绍了直播的主题、时间、主播、福利等信息，其他屏则详细介绍了直播的主推商品，让受众对直播内容有一个基本了解。总的来说，这个直播预告图片做到了文字样式与内容的统一，在保证视觉效果美观与和谐的前提下，文字信息层层递进，能够让受众清楚快速地接收信息。

经验之谈

为了保证文字在画面中整体的完善与美感，还要注意文字在画面空间上的均衡度，即文字在画面视觉上的大小统一。例如，有些笔画少的字体的空间遗留较大，而笔画多的字体则相反，此时就要注意协调文字的面积，保证其整体视觉效果的有序、统一。

图4-20　文字样式与内容的统一

4.2.2　主题突出

　　文字是用来表意的，不管是标题文字还是正文文字，文字主题都要突出，以让受众快速识别信息。对于标题文字，标题应该简练、清晰，尽量使用简短的字词表述清楚主题信息；对于正文文字，正文应围绕主题进行叙述，条理清晰、结构分明，切忌词语堆砌。图4-21所示的图片中，标题文字醒目且主题明确，其余文字则围绕主题展开说明，是对标题文字的补充与进一步拓展。

图4-21　文字主题突出

　　也可以直接将文字作为主题进行表现，通过对文字的视觉设计，让文字直观地传递出最有价值的信息，这在宣传海报的设计上较为常用。

4.2.3　简洁性

　　简洁性主要指文字的表达要简洁、简练，不过于冗杂，以方便受众理解文字所表达的意思，更快速地引发受众的传播行为。新媒体环境下的信息庞杂，受众时刻在接收大量的信息，如果营销者传递的信息过于抽象、冗杂，受众会产生排斥，降低对信息的阅读兴趣。而主题明确、内容简练的信息则会加快受众对信息的理解，帮受众节省阅读时间，也不会给受众带来太大的阅读压力，大大提高了信息的理解与传播速度。对于营销者来说，简练的文字表述不仅能提升自己的语言概括能力，还能加强逻辑能力，进一步提升自己作为营销者的综合能力。

　　图4-22所示的是标题为"上微博，抱走价值888元大礼包"的正文，可看出该内容与标题不搭配，单就文字来看，正文的表达也不够简洁、直观。图4-23所示的是某品牌的活动宣传海报，海报通过简洁的文字叙述表达了活动的主题，以及参与活动的方式，整个画面结构清晰，层次分明，受众能在第一时间获知活动信息并立马采取行动，是较为典型的文字简洁性案例。

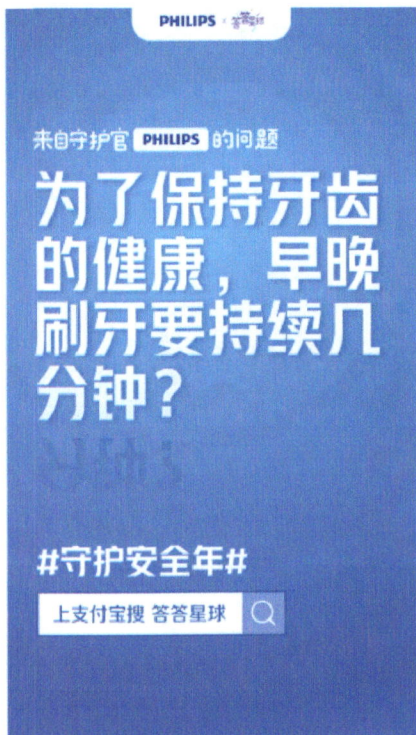

图4-22　文字不简洁

图4-23　文字简洁

4.2.4　创意性

在新媒体环境中浏览信息时，相信大多数人都有一个直观的感受，平平淡淡的文字远没有经过艺术设计与处理后的文字对受众的吸引力大，因此，文字还要具有创意性。对于叙述性文字，其创意主要体现在对文字叙述方式与表达方式上，适当地添加一些修饰手法或文学叙述手法可以增加文字对受众的吸引力。很多品牌的广告宣传语就充分地体现了这种创意性，如飘柔的"成功之路，从头开始"、剑南春的"唐时宫廷酒，盛世剑南春"、人头马的"人头马一开，好事自然来"等。

当文字作为视觉营销的主体时，其创意主要体现在以文字辨识度为前提的文字结构的变化，它既注重对主题的体现，又体现出文字创意的美感。文字的视觉创意方法主要有以下几种。

① **象形法**。寻找与文字的字形组织的基本元素相似、相近或对等的形象来表示文字，将文字变为直观的某个对象。这种方法能够很好地传达出文字的深刻内涵与其所代表的丰富的文化底蕴。图4-24所示的画面中，文字"鼠"以卡通形象来表现，既体现了十二生肖这种悠久的历史文化，又让画面效果更加生动有趣。这种方法常用在中文文字的象形创意中。

② **表意法**。在遵循文字的基本外形规范的基础上，将文字的部分笔画根据画面主体的需求进行外形变换，图4-25所示的画面中，使用祥云素材对"2020""年""吉"的部分笔画进行设计，使其外形美观又符合新春节庆的欢庆氛围。这种方法既适合单个文字的创意设计，又适合成组文字的创意设计，是较为常用的一种文字创意方法。

图4-24　象形法

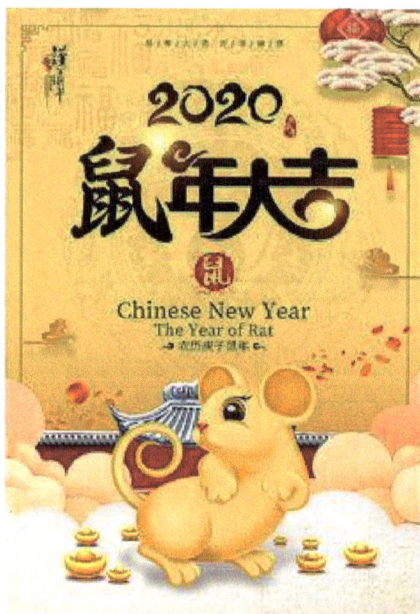

图4-25　表意法

③ **拆组法**。在遵循文字字体结构与笔画关系的基础上，拆分或重组文字的部分笔画，寻找文字中字与字、字与空间的联系，发现新的创意的可能。这种方法是较为基础的文字创意方法，可以放大文字本身的特性，也方便设计实现，如图4-26所示。

🎓 **经验之谈**

> 除了以上3种方法外，还有一些增加文字创意的小技巧，如修改文字部分笔画的颜色、为文字添加装饰、置换笔画为图案等。不管选择哪种创意方法都要注意，文字的视觉创意必须准确地传达主题，且符合受众的审美需求。

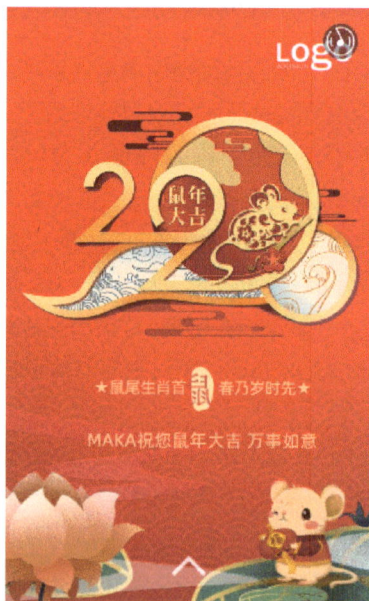

图4-26　拆组法

4.3 文字视觉营销的重心

文字视觉营销的重心一般是指受众阅读的起点，即画面版式的重心。重心是在考虑受众视觉浏览习惯的基础上进行的编排设计，以快速吸引受众的注意力，将画面的中心信息以此为突破口传递给受众。此外，重心还能影响画面的视觉效果，有助于营造画面风格，根据总结发现，目前文字视觉营销的重心主要有圆形式、集中式、中轴式、首字突出式 4 种表现方式，下面分别进行介绍。

微课：文字视觉营销的重心

4.3.1 圆形式

顾名思义，圆形式指对文字进行编排设计后，文字的外部轮廓在视觉上呈现圆形，如图 4-27 所示。这种表现方式主要是将文字沿圆形的边缘排列或放在圆形中间，使文字借用圆形的独特内部结构来构建画面版式的视觉重心，给受众带来饱满、夸张的视觉感受，以将受众的视觉焦点引导至圆形的内容上，让文字得到受众的关注，进而引导受众阅读文字，顺利完成营销信息的传递。

图4-27　圆形式

经验之谈

此外，将文字以圆弧的形态排列在画面中，可以使文字根据圆弧的方向产生一种向心或离心的视觉运动感，以使画面版式更加灵动。

4.3.2　集中式

集中式指在文字的编排设计中，将文字概括性统一在一起进行集中展示，如图 4-28 所示。这种方式可以使文字聚集在一起，形成画面的视觉重心，以强化文字的视觉表现力，让受众将视线转移到文字上，以达到快速传递视觉信息的目的。

图4-28　集中式

4.3.3　中轴式

中轴式指以画面版式的中心线为轴心，中轴两边的文字的样式、间距等类似或完全一样，以营造整体居中的版式效果，如图 4-29 所示。这种方式可以使画面版式显得简洁、大方，加强文字视觉效果，让受众很好地将视线集中到画面的中心处，进而浏览两侧的文字信息。

图4-29　中轴式

4.3.4　首字突出式

首字突出式是为了达到强调的作用，将段落的开头首字母或第 1 个字进行放大显示，使该文字成为画面版式的视觉重心，以将受众的视线快速吸引到文字上，如图 4-30 所示。这种方式适合文字较多的情况，段落的首字应用这种突出式设计，可以打破原本呆板的视觉效果，让文字变得更生动，以增加受众对文字的阅读兴趣。

图4-30　首字突出式

4.4 文字视觉营销的韵律

在进行文字视觉营销的过程中，不同的文字编排设计会产生不同的视觉韵律感，赋予视觉作品独特的视觉效果，以触及受众的心灵。文字视觉营销的韵律主要通过阶梯排列、对应、对比等形式进行体现，下面分别进行介绍。

4.4.1　通过梯形排列体现韵律

在日常生活中我们经常会看到各种梯形状的物体，如楼梯等。梯形具有一种连续的延伸感，在文字视觉营销中，可以借用其外在的阶梯状排列的形象来表现这种延伸感，同时其规则的排列方式也会使整个画面显得规律且稳定，体现出画面的整体韵律感，而错位的阶梯表现形式又可以传达一定的方向运动感，又为画面增添了动感。图 4-31 所示的每个商品的说明文字就是梯形排列方式，同时商品的摆放形式也是递进排列的，整个画面整洁有序又有一定的延伸感。

图4-31　通过梯形排列体现韵律

4.4.2　通过对应体现韵律

对应具有空间上的规律与美感，它可以通过文字的叙述来表现其条理性与科学性，也可以通过文字形式的设计来体现其一一对应关系。例如，通过指向性的文字来指向画面中的某一内容，或通过对应的编号将文字信息与图片内容对应起来，使画面中的内容形成整齐、规律的视觉效果，既强化文字的诉求，又在视觉上形成了张弛有度的韵律感，能很好地引导受众进行信息的浏览。图4-32所示的画面中，"1""2""3""第1步""第2步"等指向性文字与图片内容相对应，能很好地引导受众按顺序浏览信息。

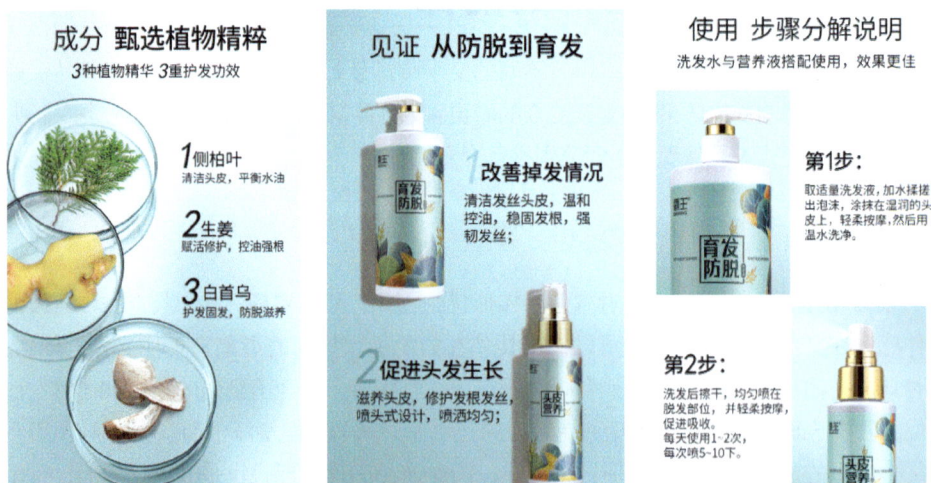

图4-32　通过对应体现韵律

4.4.3 通过对比体现韵律

在文字韵律的体现上，对比主要指画面中文字的疏松与密集。疏松指画面中排列较松散的或字间距较宽松的部分；密集则指画面中文字相对密集的部分。疏松与密集的对比可以营造画面的整体协调感，赋予画面强烈的节奏感。图4-33所示的画面的上方的文字疏松，下方的文字密集，通过底纹、线条等元素进行上下内容的区分与对比，画面的层次结构更清晰，视觉效果更灵动。

图4-33 通过对比体现韵律

4.5 拓展阅读

与色彩一样，文字也是有性格和感情色彩的，文字的轮廓形状、笔画粗细、比例结构不同，文字所带给人的视觉感受就不同，受众所能感知到的感情色彩也不同。因此，营销者在进行文字视觉营销时要注意对文字的细节处理，以塑造不同的文字效果，传递更多的信息。下面对营销文字感情色彩的几个部分进行简单介绍。

① **轮廓形状**。文字的轮廓形状是文字给人的第一视觉感受，一般来说，修长的文字较秀气，粗扁的文字较稳重，营销者在进行视觉营销时，应该结合文字的轮廓形状来选择字体并进行应用。但中文字体因为字形较方正的原因，其轮廓形状可能较单一，因此，还可对文字的外部形状进行调整，以及对文字进行创意设计，以充分利用文字来达到营销的目的。

② **笔画粗细**。笔画粗细给人的视觉感受完全不一样，如宋体纤细，有一种秀丽的感觉，黑体粗大，有沉稳、严肃的感觉。一般来说，笔画细的文字显得轻盈灵活，适合作为正文文字，笔画粗的文字显得浑厚有力，适合作为标题文字。

③ **比例结构**。文字的比例过大，会给人紧凑、挤压的感觉，比例过小则会显得不起眼。比例合适、结构适中才能使文字营造出不同的视觉效果，如厚重、秀气、轻松等。

总的来说，文字的感情色彩会因为文字笔画的变化而变得丰富多彩，如精简笔画体现其现代感，重复堆叠体现其厚重感等。

4.6 课后练习

（1）分析图 4-34 所示的图片中的文字的字体、字号、颜色的应用是否恰当。

图4-34 文字字体、字号、颜色的分析

（2）结合主题、内容，分析图 4-35 所示的图片中的文字应用是否恰当。

（3）从文字重心的角度分析图 4-36 所示的图片中的文字应用是否恰当。

（4）某手机商品需要通过微博推广其高像素的卖点，请你收集资料，并通过文字对比的方式来进行文字视觉营销。

图4-35　主题、内容与文字的分析

图4-36　文字重心的分析

第5章

图片视觉营销

新媒体时代，图片是影响销售的主要因素之一。美观的、具有视觉吸引力的图片可以快速吸引受众的注意力，增加营销信息的曝光量与关注度，进而增加商品的销量。因此，营销者需要掌握图片视觉营销的相关知识，了解 Logo、开屏广告图、推广海报图、封面图等不同图片的视觉营销方法，本章将针对这些知识进行详细介绍。

5.1 Logo**的视觉营销**

Logo 是代表企业形象的一种标志，在营销推广、品牌塑造等方面发挥着重要的作用。在第 3 章介绍品牌视觉营销时有一些基本的介绍，本节将对 Logo 的相关知识进行补充，帮助营销者建立对 Logo 的全方位认知，更好地开展新媒体视觉营销工作。

5.1.1 Logo的组成元素

Logo 主要是用来表明事物特征的，它主要由单纯、显著、易识别的图形或文字组成，以明确传达所展示对象的信息，引起受众的兴趣，达到增强受众记忆力的目的。

① **图形**。图形是表象符号，其易于被受众区分、记忆的特点使 Logo 能更加醒目、独特。同时，图形又具有能够通过概括、抽象、联想等表现手法对被设计的对象进行表现的功能，使 Logo 更具有深意与艺术氛围。图 5-1 所示为典型的图形 Logo。

图5-1　图形Logo

② **文字**。文字是表意符号，它直观、明确的特征能够使Logo更容易被受众识别、理解，更便于在沟通与传播活动中被受众反复提及。文字也可以进行艺术化处理，特殊的字体、样式和创意的融合能让 Logo 文字更加独特，增加对受众的吸引力。图 5-2 所示为典型的文字 Logo。

图5-2　文字Logo

这两种元素并不是独立的，图形与文字可结合在一起组成 Logo，可以综合图形与文字的优势更好地进行信息的传达，给受众留下更深刻的印象。图 5-3 所示为典型的图文结合型 Logo。

图5-3　图文结合型Logo

5.1.2　Logo要易于识别

要让受众对 Logo 留下印象，增强受众对 Logo 的传播，首先 Logo 要易于识别，特别是在现在各行各业都充斥着大量视觉信息的环境下，Logo 是否具备易识别性是相当关键的。对于受众来说，他们在新媒体中获得的信息很多，Logo 只有具备容易识别、特点鲜明、意义深刻或造型独特等特点才能在众多视觉信息中脱颖而出，才能够区别于其他竞争者，给受众留下深刻印象。图 5-4 所示的小米的品牌 Logo 就能够让受众快速识别，Logo 中的"MI"就是其名称"米"的拼音，同时也是"Mobile Internet"的缩写，象征着小米是一家移动互联网企业。

5.1.3　Logo要包含品牌信息

Logo 是品牌的外在视觉形象代表，除了具备识别性和唯一性外，还应该展现出品牌的文化、内涵及理念等，以将品牌的这些信息传递给受众，建立起受众对品牌形象的印象。正如小米的品牌Logo，将其倒过来就是少了一个点的"心"字，这也体现了小米让受众省心，为受众贴心服务的品牌理念，如图 5-5 所示。

图5-4　小米Logo

图5-5　倒过来的小米Logo

5.1.4　Logo要易于记忆

Logo 的视觉效果并不是越复杂华丽越好，要想让受众对 Logo 产生印象，甚至产生传播或消费行为，Logo 就要简单、容易记忆，下面对 Logo 易于记忆的要点进行介绍。

① 控制 Logo 内容的数量。要想使 Logo 易于记忆，Logo 所包含的内容就不能太多，

简洁、鲜明、准确是设计 Logo 的前提，只有合理控制 Logo 所包含的内容，才能在有限的画面空间中准确地表达 Logo 的意思，让受众更好地理解 Logo 才能更好地进行记忆传播。图 5-6 所示的是今日头条的品牌 Logo，它以红色的平行四边形色块和"头条"名称组成，视觉效果鲜明、简洁，能快速吸引受众的视线并传递品牌名称，使受众产生对品牌名称的印象。

②　**选择具有象征意义的元素。** 受众对某一具体的事物更容易产生印象，因此可以选择写实的或具有象征意义的元素来设计 Logo，这样可以让 Logo 的视觉形象更立体，提高受众对 Logo 的记忆效果。图 5-7 所示的是野马的品牌 Logo，它用线条绘制了一匹奔跑的骏马的轮廓，有象征意义的骏马外形能让受众快速识别并记住该品牌。

图5-6　今日头条的Logo　　　　　　　图5-7　野马的Logo

③　**设计鲜明的视觉记忆点。** 设计鲜明的视觉记忆点可以增强受众对 Logo 的识别度与记忆度，越是鲜明的记忆点就越是容易让受众产生回忆与联想，能加强受众对 Logo 的传播。视觉记忆点可以是具有代表性的图案、色彩、文字或标语等，只要其具有独特性、唯一性就能产生这种效果。图 5-8 所示的是 7 天酒店的 Logo，色彩鲜明的"7"既代表了品牌又给了受众明确的记忆点。

④　**考虑受众的记忆特点。** 不同的行业或企业所面对的受众群体是不同的，受众的记忆能力、记忆习惯等有所差别，因此应该考虑受众的记忆特点进行 Logo 设计，如儿童品牌的 Logo 应尽量色彩鲜明、活泼，青年品牌的 Logo 可以潮流、时尚。图 5-9 所示的是可爱多的 Logo，其鲜明的色彩、童趣的字体与其零食品牌定位和儿童受众群体相符。

图5-8　7天酒店的Logo　　　图5-9　可爱多的Logo

5.1.5　Logo要易于传播

与品牌名称、广告语等文字内容可以通过口头传播不同，Logo 是一种图形化元素，受众不能通过口口相传来描绘 Logo 的内容，因此要想实现 Logo 的易传播性，营销者除了要使 Logo 易于识别外，还需注意以下两个方面。

① **大小要合适**。Logo 常以图形的形式出现，其格式一般为 JPG 。不管是 Logo 图片的尺寸大小，还是 Logo 图片的文件大小都要适当，既不能太小，让受众看不清 Logo 的内容，又不能太大，不利于受众加载浏览或下载、转发。

② **借助品牌或产品信息**。由于 Logo 本身不便于受众口口相传，因此可以借助品牌名称、品牌广告语、商品信息等方便受众传播的元素来增强 Logo 的传播性。有些品牌直接使用品牌名称的拼音、汉字、英文来作为品牌 Logo，如图 5-10 所示；或融入品牌广告语来进行 Logo 设计，如图 5-11 所示；抑或加入商品功能描述或原料描述（即商品信息），如图 5-12 所示。这都可以让受众在看到 Logo 的同时即记住品牌，并在受众的口口相传中建立其品牌 Logo 的传播路径，实现品牌形象的传播。

图5-10　以品牌名称作为Logo

图5-11　融入品牌广告语作为Logo

图5-12　融入商品信息作为Logo

5.2　开屏广告图视觉营销

开屏广告指启动 App 时出现的广告，其展示时长一般为 3~5 秒，广告加载完成后将自动关闭并进入 App 主页面。开屏广告一般用于展示企业的商品、品牌形象或活动信息，是引流转化的重要渠道，其表现形式一般为图片、视频、Flash 等。其中图片是较为常见且实现起来相对简单的一种方式，因此也将图片式开屏广告叫作开屏广告图。

开屏广告的来源与发展

开屏广告图的视觉营销是非常重要的，一张具有吸引力的开屏广告图不仅能快速向受众传递信息并引导受众产生点击、购买等行为，还能节约企业的营销成本，提升投放广告产生的实际收益。本节将对开屏广告图的相关知识进行介绍。

5.2.1 开屏广告图的优势

开屏广告图之所以受到越来越多的广告主的青睐，是因为它具有以下优势。

① **曝光率高**。开屏广告图是启动 App 时自动加载的广告图片，其展示时长一般为 3 ~ 5 秒。虽然受众可以通过点击"跳过广告"进行关闭，但 3 ~ 5 秒的展示时间受众由于手速或其他原因并不会直接关闭，在这短短的几秒内却足够受众看到甚至看完广告，因此开屏广告图的曝光率是非常高的。使用该 App 的用户都有可能看到开屏广告图。

② **支持落地页跳转**。开屏广告图支持落地页跳转，受众如果对广告内容感兴趣，可直接点击广告图片，跳转到目标页面，这进一步激发了受众产生其他行为的欲望，也为广告主吸引了更多的潜在客户。

③ **定位精准**。开屏广告图支持定向投放，广告主可以对投放区域、投放群体等进行设置，如全国通投、区域定投、目标受众的性别、年龄、消费水平等，以精准地将广告投放向目标受众，增加广告的实际转化效果。

④ **关注度高**。开屏广告图呈全屏展示，能够快速将受众的注意力集中到广告上。据有关数据统计，开屏广告图的关注度可高达 60% 以上，其在品牌推广与曝光上的作用非常明显。

⑤ **广告形式多样**。开屏广告图不仅在形式上支持静态图片、动态图片，在内容上也完全满足广告主的推广需求，如品牌推广、产品促销、活动宣传等。

🎓 **经验之谈**

虽然开屏广告图有诸多优势，但使用过程中仍需要注意以下几点。
- 开屏广告图需要收费，一般按下载量计费或按千人成本计费，且费用通常较高，因此建议有充足预算且有一定知名度的广告主采用这种方式。
- 不是所有营销都适合开屏广告图，建议有品牌诉求、新品发布诉求或活动诉求时采用。
- 在选择开屏广告图的投放App时，尽量选择与自身品牌或行业定位相符的App平台。
- 开屏广告图的内容应该结合品牌、受众属性等进行制作，保证目标受众与品牌的契合。

5.2.2 开屏广告图的类别

在进行开屏广告图的视觉营销前，营销者还需要了解开屏广告图的类别，以更好地制订开屏广告图的营销方案。开屏广告图根据广告位尺寸、广告目的和交互方式的不同，可划分不同的类别，下面分

微课：开屏广告图的类别

别进行介绍。

1. 按照广告位尺寸分类

开屏广告图按照广告位尺寸可分为全屏式和底部保留式两类。设计人员在设计之前需要明白 App 给予的广告位大小，避免底部被覆盖而造成信息展示不全面。

① 全屏式开屏广告图。全屏式开屏广告图会覆盖 App 的整个界面，给受众带来强烈的视觉刺激，以快速吸引受众对广告产生兴趣。图 5-13 所示的画面中，整个屏幕都是广告图片，受众在启动 App 的一瞬间就被极具视觉冲击力的效果所吸引，进而快速浏览信息，成功接收广告主所传播的信息。

② 底部保留式开屏广告图。底部保留式开屏广告图与全屏式开屏广告图相比，其底部保留了一部分空白的位置，以放置 App 自己的 Logo 或宣传语。这部分内容由 App 平台指定，无须广告主进行过多的设计。图 5-14 所示的是某电影品牌方在微博中投放的开屏广告图。该广告图就是典型的底部保留式开屏广告图，其底部空白部分用于展示微博平台的 Logo。

图5-13　全屏式开屏广告图

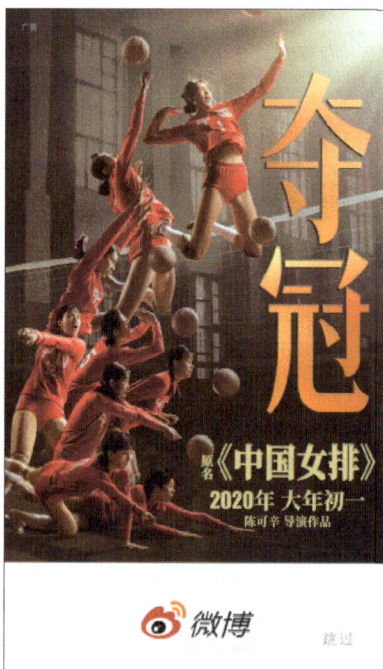

图5-14　底部保留式开屏广告图

2. 按照广告目的分类

按照广告目的进行划分，开屏广告图有 App 下载、活动宣传、活动咨询、产品促销、品牌塑造等。图 5-15 所示的是品牌宣传开屏广告图、图 5-16 所示的是形象塑造及品牌推广开屏广告图、图5-17所示的是促销活动开屏广告图、图5-18所示的是产品宣传开屏广告图。

图5-15 品牌宣传

图5-16 形象塑造和品牌推广

图5-17 促销活动

图5-18 产品宣传

3. 按照交互方式分类

按照交互方式进行分类，开屏广告图可分为静态可交互、静态不可交互、动态可交互、动态不可交互 4 类。交互主要是通过点击行为来实现的，当点击开屏广告图后跳转至其他页面即为可交互。目前以调整品牌展示或以宣传为目的的开屏广告图多是不可交互的，产品／促销活动一般是可交互的，其动静状态可根据设计需要进行调整。图 5-19 所示的是静态可交互开屏广告图，点击"点击解锁安慕希实力美味"即可打开商品页面；图 5-20 所示的是动态可交互开屏广告图，广告从右到左占满屏幕，并播放产品与模特的动态效果，点击"点击立即购买"按钮即可进入商品购买页面。

图5-19　静态可交互开屏广告图　　　　图5-20　动态可交互开屏广告图

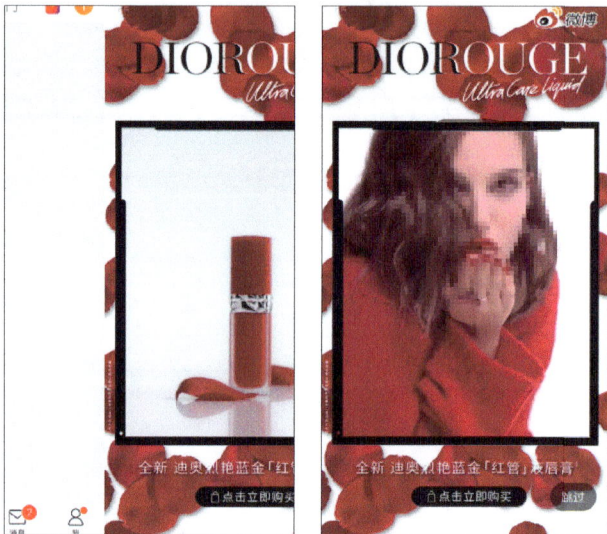

5.2.3　开屏广告图的组成元素

观察前面列举的开屏广告图可发现，开屏广告图主要由品牌 Logo、文案主题、图片展示和引导按钮 4 部分组成，下面分别进行介绍。

① **品牌 Logo**。品牌 Logo 一般位于开屏广告图的最上方，可根据图片的效果放置于左上角、中间或右上角。品牌 Logo 的数量由广告的营销方案决定，若是品牌自己投放开屏广告，则只有品牌的 Logo；若品牌与其他品牌合作或需要引导受众前往某个品牌的商品，则需要包含多个品牌 Logo。

② **文案主题**。文案主题是对开屏广告图推广目的的文字展示，为了在开屏广告图短短的 3～5 秒的展示时间内让受众快速对广告产生印象，文案主题一般比较醒目，字号较大，且字体较常规，以便受众识别。

③ **图片展示**。在文案的基础上辅以图片展示，可以对开屏广告图的内容进行补充说

明，借助图片直观的视觉效果快速给受众留下印象。

　　④ **引导按钮**。引导按钮是引导受众产生点击行为的主要媒介，其外观样式主要以按钮为主，如"点击领取 ×× "按钮、"立即购买"按钮、"点击参与 ×× "按钮等，如图5-21 所示。引导按钮的文字内容应与文案主题相符，设计风格也应该与开屏广告图的整体风格保持一致。

图5-21　引导按钮

　　图 5-22 所示的是某品牌商品的促销推广开屏广告图。在图片的顶部中央先展示了品牌的Logo，然后以大字号的文案突出促销主题，以"特惠专场"先吸引受众，再以红底白色的"限时立减 100 元"来说明具体的优惠额度。同时在文案下方配上美观的商品图片，进一步补充商品信息并提升受众的购物欲望。最后在底部还通过"立即抢购"按钮进一步引导受众点击按钮，跳转到商品购物页面，为商品引流，增加商品销量。

🎓 **经验之谈**

　　这些组成元素并不是一定要全部展示在开屏广告图中，应根据营销需要进行适当取舍，如品牌推广一般不会有引导按钮，新品推广也可以不要品牌Logo，直接展示新品的名称即可。

图5-22　商品促销开屏广告图的组成分析

5.2.4　融入品牌推广企业文化

不管开屏广告图的投放目的是什么，都可以在其中融入品牌信息，加深受众对品牌的印象，进一步建立品牌在受众心中的形象。例如，有一定知名度的品牌可以直接添加品牌的名称或 Logo，因为品牌已有知名度，品牌名称和 Logo 本身就是对品牌理念、企业文化等的展示，受众在看到品牌名称或 Logo 时自然会联想起品牌的相关信息，能达到传播品牌、强化品牌印象的目的。小米和英特尔，一个是国内知名的移动互联网企业，一个是全球知名的个人计算机零件和 CPU 制造商，其品牌 Logo 的展示就是对企业文化的宣传与推广，如图 5-23 所示。

没有知名度的品牌则可以加入品牌口号、广告语、代言人等具有识别性的品牌信息来对品牌进行宣传，让受众对品牌产生印象，进而达到塑造品牌形象、推广品牌企业文化的目的，图 5-24 所示的是直接以广告语来推广旅游城市的开屏广告图。

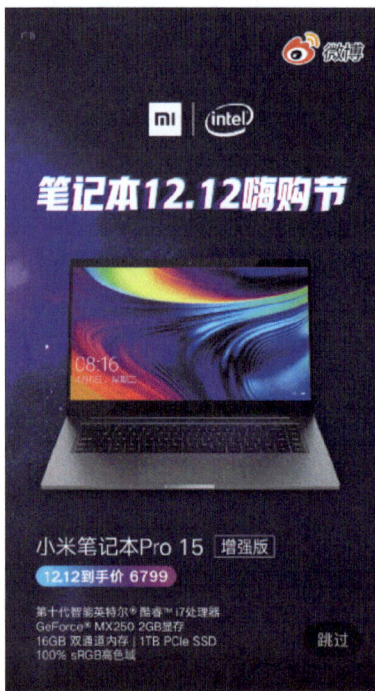

图5-23　融入品牌Logo

图5-24　融入广告语

5.2.5　融入热点吸引眼球

为了增加开屏广告图对受众的吸引力，可以在开屏广告图中融入热点。热点就是受众关注的、欢迎的新闻事件或在某时期引人注目的话题。热点本身具有广泛的受众基础和较高的普及度及讨论度，在开屏广告图中融入热点可以很好地利用其优势，快速吸引受众的目光，加深受众对广告内容的印象。但要注意，开屏广告图的展示时间很短，画面空间有限，在进行开屏广告图的设计时，应提炼热点的热门关键词来吸引受众。图 5-25 所示的画面，融入了漫威 80 周年的热点，以吸引对漫威感兴趣的目标受众，并以漫威官方授权、官方推荐等文案刺激受众产生购买欲望。

5.2.6　添加人气新品引流

实力雄厚的企业在开发新品到推出新品的整个过程中，会针对新品进行前期的造势，这样新品被开发出来后就会自带流量，有一定的人气与受众基础，在通过开屏广告图进行新品推广时，就可以直接通过与新品相关的文案、图片或活动来为商品引流。图 5-26 所示的画面中，该新品邀请了人气偶像明星代言，在开屏广告图中直接以该明星手持新品的图片来吸引受众，为新品发布会引流。

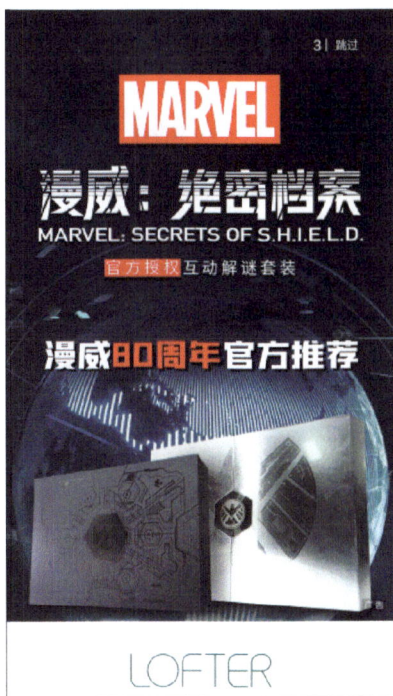

图5-25　融入热点

图5-26　添加新品引流

5.3　推广海报图视觉营销

在新媒体环境中，海报的应用范围很广泛。例如，从推广平台的角度来看，不管是网站、论坛，还是电商平台、新媒体社交平台，海报都可以以图片的形式来传递营销信息；而从表现方式上来看，海报的尺寸、位置等的不同，可传递的信息和发挥的作用也不同，可以满足不同企业的不同需求。下面对推广海报图在视觉营销中的应用进行介绍。

5.3.1 推广海报图的视觉组成

虽然不同新媒体平台对推广海报图的尺寸和格式等要求不同，但视觉效果优秀的推广海报图具有一些共同的组成部分，如文案、图像、装饰和背景。

① **文案**。文案用于表现海报主题，如新品发布、品牌宣传、活动促销等。要想快速通过文案引起受众的注意并促成点击，就要求文案必须简短、易于阅读、逻辑清晰。图5-27所示的推广海报图，以主文案"光彩带走 污渍留下"来说明其卖点，以辅文案"三色洗衣球"说明其属性特征，以吸引受众进行点击。

② **图像**。文案要"言之有物"就需要与主题关联，而图像就是文案与主题的连接桥梁。它不仅可以让抽象的文案描述更加具象化，还能带给受众视觉上的愉悦感。人物图像、商品图像等是推广海报图中较为常用的图像对象。图5-28所示的推广海报图中，商品外观图像的展示直接告知了受众礼盒的样式以及包含的礼品。

图5-27 推广海报图中的文案

图5-28 推广海报图中的图像

③ **装饰**。为了提升推广海报图的视觉效果，可在推广海报图中添加装饰元素，如彩带、灯光、动物剪影等常见的装饰素材。图5-29所示的推广海报图，通过灯笼、祥云、礼盒、

锦鲤、礼花等装饰素材来营造春节的热闹氛围。

④ **背景**。除了上述主体部分外，背景也是非常重要的。背景主要起烘托主题的作用，既可以是纯色背景，也可以是渐变背景，也可以通过合成的方式来打造创意背景。图5-30所示的红色的纯色背景很好地烘托了主题，让海报中间的内容更突出，更容易被受众注意。

图5-29 推广海报图中的装饰　　　　图5-30 推广海报图中的背景

5.3.2 突出利益"敏感"词

推广海报图也是一个打广告的方式，受众或多或少会对广告有一定的反感，因此，突出展示受众关心的利益"敏感"词能够降低受众的反感，提升受众对推广海报图所传递信息的兴趣，进而产生点击行为，并进一步激发受众的后续行为。利益要符合受众的需求，图5-31（a）以"买1送3"的优惠信息吸引受众，图5-31（b）以"30分钟做一桌菜"来吸引对蒸箱集成灶的火力有需求的受众，图5-31（c）以功能性"私人影院"吸引对私密性和影院有需求的受众，再辅以"送礼""免息"等受众关心的价格信息进一步激发受众的购买欲望。

（a）

（b）

（c）

图5-31 突出利益"敏感"词

5.3.3 使用明星引发粉丝效应

明星拥有大量的粉丝，粉丝非常关注明星的一举一动，会为了表达对明星的支持而主动采取各种追随行为，如点赞、转发、评论明星发表的言论，为明星打榜、投票，购买明星代言的商品等。因此，有实力且与明星有合作的企业在进行图片视觉营销时，可以在推广海报图中直接使用明星的名字、肖像来吸引粉丝的关注，通过明星的粉丝为推广海报图引流造势、推广宣传，如图5-32所示。

图5-32 使用明星引发粉丝效应

5.3.4 通过品牌标识彰显实力

推广海报图可以通过添加品牌标识来增强其视觉营销的效果。品牌是企业实力的代表，一个有知名度、有实力的企业，其品牌标识的展示就是其实力的展示。除了品牌Logo外，品牌名称、品牌口号、品牌字体、品牌商品等都是品牌标识的表现方式，可以灵活选择最具代表性的品牌标识元素进行推广海报图的视觉营销。图5-33所示的推广海报图，直接以品牌颜色、品牌口号、品牌代言人向受众传达品牌信息，并体现出品牌的综合实力。

图5-33 通过品牌标识彰显实力

5.3.5 使用口号加强传播

口号是对企业的文化理念、服务宗旨、商品特性等的综合提炼，是受众对企业、服务和商品的认知桥梁。在推广海报图中使用口号，可以将口号传递给受众，加强受众对品牌的印象。但若要达到良好的口头传播，口号的语言风格要简单明了、通俗易懂、朗朗上口，同时口号的视觉设计也要符合推广海报图的风格。图5-34所示是汰渍新升级商品的推广海报图，该海报就通过"新升级 更干净 更清新"的口号来表现商品的特性，语言简洁、通俗易懂；在视觉设计上则以品牌主色调进行搭配，字号较大，十分醒目，能给受众留下深刻的印象，容易引起受众的口头传播，进而累积口碑。

经验之谈

口号要突出商品的特色和竞争优势，同时还应尽量对商品起到解释的作用。此外，口号不只可以通过推广海报图来展示，在视频广告、商品包装等其他渠道中也可以展示。

图5-34　汰渍新升级商品的推广海报图

　　口号应该具有统一性和长期性，即不同子品牌应保持企业文化、理念的统一性，在符合统一性的条件下根据具体情况可有所区别。图5-35所示是维达品牌的两个子品牌的商品推广海报图，在使用口号来加强品牌传播时，它针对商品特性的不同采用了不同的口号，这两个口号都是对商品卖点的直观展示。此外，在推广海报图的整体设计上，两张海报的整体风格、构图都非常相似，直接选择商品主色作为主色调，左上角都是品牌Logo，Logo下方是口号，口号右侧是品牌代言人，最下方是商品图片。口号的长期性指口号不应经常变动，固定的口号能通过反复不断的传播给受众留下绵长的印象和记忆。

图5-35　子品牌商品推广海报图中口号的统一性

5.4 封面图的视觉营销

在新媒体信息越来越过剩的环境中，受众对信息的辨识度越来越高，要想吸引受众点击，就不能忽视封面图的作用。成功的封面图可以在第一时间吸引受众的注意，使受众产生点击浏览的欲望。文章、视频、直播、专辑等都可以充分利用封面图来达到这种效果，如图5-36所示。下面对封面图在新媒体视觉营销中的应用进行介绍。

图5-36　封面图

5.4.1　画面要简洁大方

封面图与开屏广告图、推广海报图相比，其画面结构更加简洁，常以反映内容主旨的图片进行表现。从视觉的角度来说，封面图的尺寸一般较小，不适合在画面中放太多的内容，以免信息堆积产生负面影响。图5-37所示的封面图大都直接采用拍摄的照片，并辅以简单的文字叙述来表现主题，既可以快速吸引受众的视线，让他们产生点击的欲望，又很好地表现了所要传达的信息。此外，若需要通过封面图来传递品牌信息，也可以在封面图中添加一些品牌标识信息。

图5-37　简洁的封面图

5.4.2　融合正文主题

　　封面图是对所传达信息的一种图形化展示，受众因为对封面图产生兴趣，进而点击图片浏览正文，因此，若封面图展示的内容与正文无关，受众会产生受到欺骗的感觉，这与"标题党"为了提高文章浏览量的做法类似，是非常不可取的。高质量的封面图应该很好地融合正文主题，在保证美观性的同时精练概括正文的内容，减少受众对目标信息的识别与筛选，进而更准确地获得目标受众。图 5-38（a）直接点明正文主题"五折"，与文章标题对应；图 5-38（b）通过蓝紫色的渲染来表现朋克风，与正文主题相互呼应。

（a）　　　　　　　　　　　　　　　　　　（b）

图5-38　融合正文主题

5.4.3　体现创意

　　虽然封面图的画面空间有限，但仍可以通过创意来打造强烈的视觉冲击力。创意在任何类型的视觉表现中都是较为重要的，在封面图中创意的表现方法稍显简单，主要有以下几种。

　　① 在封面图中加入透明色块，在不影响整体视觉表现的前提下可以增加封面图的美观度与创意度。

　　② 简单的线条和图形设计可以凸显主题，增强封面图的视觉效果。

　　③ 对封面图中的文字进行创意设计，提升封面图的整体视觉张力。

　　④ 添加边框或建立框架，可以强调封面图的视觉重点，增加封面图的视觉聚焦点。

图 5-39 所示为部分案例。

图5-39　封面图中的创意

5.4.4　描绘场景

鉴于封面图的特点，使用场景描绘的方式可以更好地展现营销信息，给受众沉浸式的情景体验。场景可以是与主题相关的某个具体的画面，以更好地引起受众的代入感，建立内容在受众心中的印象。图5-40（a）以模特的穿戴效果场景作为封面图，让受众直观地看到商品的外观；图5-40（b）的不粘锅商品直播以翻炒钉子的场景来表现其卖点，直观又具有说服力，能快速吸引受众的注意，引起受众的点击欲望。

（a）　　　　　　　　　　　　　　（b）

图5-40　描绘场景

经验之谈

除了场景合成外，场景联想也是快速进行场景图视觉设计的一种方法。场景的描绘源于对营销内容主题深层次的理解，以及对受众内心的洞察。因此要注意，不能只体现内容本身而忽略了与受众之间的情感联系。

5.5　拓展阅读

图片是新媒体视觉营销的常用表现方式，为了提升图片对受众的吸引力，降低信息表现方式单一给受众带来的审美疲劳，可以在图片的视觉营销过程中通过对比、实物参照等方法来提高画面内容的可读性，提升受众的浏览体验。

① **对比**。商品质量、材质和服务等都可以作为对比的对象，可以从受众关心的角度出发，对可能引起受众关注的问题进行对比分析，从侧面突出自身的优点。但切记不要与其他品牌进行比较，可通过与市场上平均水平、标准的对比来彰显自身的优势。图5-41

所示为通过使用商品前后的对比来表现商品的卖点。

图5-41　对比表现方式

　　② **实物参照**。对于一些抽象的信息，可以以受众日常生活中常见的事物作为参照物，通过与参照物的搭配组合或所展现的对象进行图片视觉营销。

5.6　课后练习

　　（1）如果你是一家传统婴幼儿用品企业的营销者，现在企业要通过新媒体渠道开展 Logo 视觉营销，请简述你为该企业制作的 Logo 视觉营销的方案。

　　（2）图 5-42 所示是 3 张开屏广告图，请分别从类别、组成元素、视觉效果 3 个方面对其进行分析，说明其优劣。

图5-42　开屏广告图分析

（3）图 5-43 所示是某个微信公众号的一篇推文内容，请简述其推广海报图和封面图的视觉营销方案。

图5-43　微信公众号推文

第6章

视频视觉营销

视频视觉营销是视觉营销在视频领域内的应用。视频由于具有生动性和直观性等特点，可以通过良好的视觉效果和丰富的视觉创意让受众更好地感受到商品的卖点，并能激发受众的情感体验，因而在营销领域扮演着重要的角色。本章将对视频的视觉设计、短视频的视觉创意、短视频营销效果的提升等知识进行介绍。

6.1　视频的视觉设计

在移动互联网技术高度发达的时代，随着抖音、快手等平台的火爆和视频直播的普及，观看视频已经逐渐成为人们的一种习惯。在内容营销领域，视频发挥的作用也逐渐被商家所重视。再加上视频和视觉之间有着天然的联系，因此视频视觉营销也就成了新媒体视觉营销中十分重要的一项内容。

视频在营销中的重要性

6.1.1　视频的风格定位

在拍摄视频之前，营销者首先应进行的是视频的风格定位。风格定位就是视频的视觉风格，如清新自然风、古朴怀旧风、朴素纪实风、温馨浪漫风等。进行视频风格定位时可以有不同的角度，下面进行具体介绍。

1.　根据目标受众的审美偏好定位风格

一般而言，企业、商家或自媒体都会有自己明确的目标受众，对受众的消费能力、教育水平、审美偏好、兴趣爱好等有一个明确的画像，其中目标受众的审美偏好对于风格定位是最关键的。比如，高端护肤品牌的目标受众就是拥有较强购买能力、文化层次较高、生活在一二线城市的成熟女性，品牌发布视觉营销的视频风格就可以以精致、简约、大方为主，如图6-1所示。

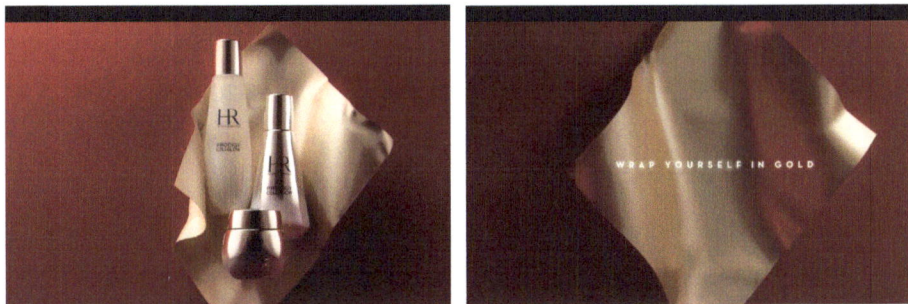

图6-1　精致、简约、大方的视觉风格

🎓 **经验之谈**

目标群体的审美偏好无法通过定量计算来确定，而且并不是一成不变的，因此企业、商家或自媒体在进行风格定位时也不能过于死板，如认定青少年就一定喜欢可爱的视频风格等。最好结合对业内市场定位相似的竞争对手的广告视频及其市场反馈情况的分析来综合考虑。

另一平价运动品牌则将自己的目标受众定位为喜好追逐潮流、收入水平一般、喜爱流行文化的学生和刚毕业的年轻人，这类受众偏好潮流时尚的审美风格，品牌发布的视频就可以凸显动感、活力、酷炫的视觉风格，如图 6-2 所示。

图6-2　动感、活力、酷炫的视觉风格

2. 根据视频主题定位风格

不同的视频有不同的拍摄主题，有的是直接讲述商品的卖点，有的是结合热点进行创意展示，还有的是通过讲述故事来传达品牌的理念。而故事又有不同的讲法，有以客观纪实的态度来理性论证商品优势的，有通过制造情感共鸣来拉近与受众的心理距离的，有通过营造温馨、浪漫等场景来加深受众对商品认识的。根据拍摄主题来为视频进行风格定位，可以更好地使画面与视频旁白、演员表演和台词等进行配合，从而精确地表达视频的核心信息，避免受众产生误解或搞错重点。

图 6-3 所示的视频就是通过讲述故事的方式来植入品牌广告，该故事朴实感人，通过戏剧张力和传统的亲情伦理来打动受众；其视频的视觉风格较为平实，没有夸张的风格化表现，也没有刻意设置精致唯美的画面，而是像纪录片一样单纯地记录下这个故事，使受众感觉这个故事似乎是真实发生的，因而更感人。

图6-3　平实的视频风格

图 6-4 所示为某修车服务 App 发布的视频画面，其将商品与网络热点——抖肩舞进行结合形成创意。演员们跳抖肩舞的搞怪动作和表情让该视频颇为搞笑、有趣，让许多

受众看了以后都忍不住跟着跳起来。视频的风格定位也较为夸张，拍摄角度、色彩、构图等方面都体现出强烈的搞怪风格。

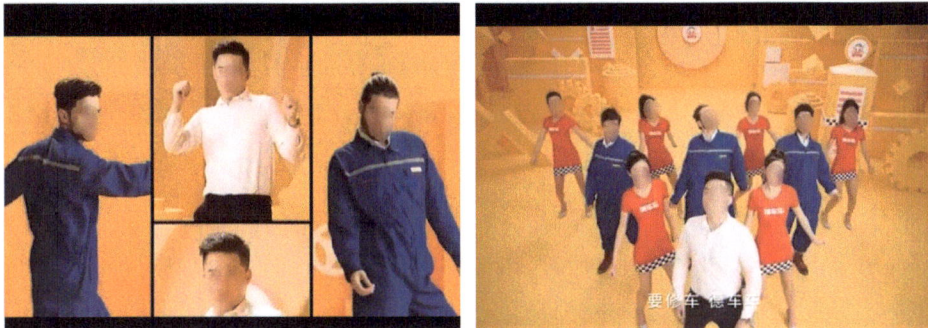

图6-4　夸张的视频风格

3. 根据商品的特点定位风格

对于以推销商品为主要目标的视频，在定位风格时可以参考商品某一方面的特点，如质地、色彩、功能等。

比如某品牌巧克力具有香甜丝滑的口感，在制作巧克力的推广视频时就可以在画面上营造出甜蜜柔和的视频风格，如图 6-5 所示。从图 6-5（a）可以看出，该视频采用粉红色为主色调，以明黄色、咖啡色、绿色等为辅助色，以多彩的、跳动的巧克力来抓住受众的眼球；而图 6-5（b）中通过演员旋转的身姿、裙摆以及四周环舞的巧克力，将一种轻盈的动感表现得很到位。

（a）　　　　　　　　　　　　　　　　　（b）

图6-5　甜蜜柔和的视频风格

某高端绿茶品牌发布的推广视频则抓住了绿茶的两个特点来定位视频风格。绿茶生长在野外时是天然的、翠绿的，而成为杯中茶以后则给人一种舒缓、温暖、宁静的感觉。因此视频在表现绿茶的产地时，画面为清新自然的风格，色彩为冷色调，如图 6-6 所示。而在展示泡茶喝茶的场景时，画面则呈现出明亮的色调，氤氲的水汽、古朴的布景使画面呈现一种宁静悠远的视频风格，让人感受到一种独特的意境，有助于品牌文化内涵的塑造，如图 6-7 所示。

图6-6　清新自然的视频风格

图6-7　宁静悠远的视频风格

6.1.2　视频的内容策划

精彩的内容是视频得到广泛传播的基本要求，在策划视频内容的过程中，视频选题是最关键的环节。随着观看视频逐渐成为大众娱乐的主要方式之一，如何拍出既能传达商品或品牌信息，又具有可看性的视频，成了营销者应重点考虑的问题。下面具体介绍视频选题的三大标准。

1. 选题定位要精准

企业、商家或自媒体应该根据自己的目标受众来确定选题。只有吸引到的观看人群与目标受众高度重合，才能让视频的推广效果充分地实现。比如美食类商家发布的视频就应以美食为主要内容，同时通过刺激感官的视频画面来激起受众的食欲，从而达到营销推广的目的，如图 6-8 所示。

图6-8　美食类视频

2. 选题要戳中痛点

倘若视频能够在画面中呈现出受众生活中感到尴尬、困扰的琐事，令人难忘的经历

或者可望而不可即的场景，就很有可能戳中受众的痛点，引起受众的共鸣。图 6-9 所示的
视频就以"父母的双重标准"为主题，以情节表演的方式讲述了儿时对自己严厉的父母
现在却对孙辈很溺爱的现象。受众纷纷感叹"场面过于真实"，既觉得这样的情节很有趣，
又对老一辈溺爱孩子的问题颇为担忧。戳中痛点的视频往往能够激发受众的讨论欲和转
发欲，因为人们通常会在获得共鸣的时候感到兴奋，想与他人讨论和分享自己的内心感
受，从而使得视频的评论数和转发数大大增加，扩大了视频的影响力。同时，戳中痛点
的视频能够增加受众的认可度，使其在潜移默化中接受视频传达的信息。

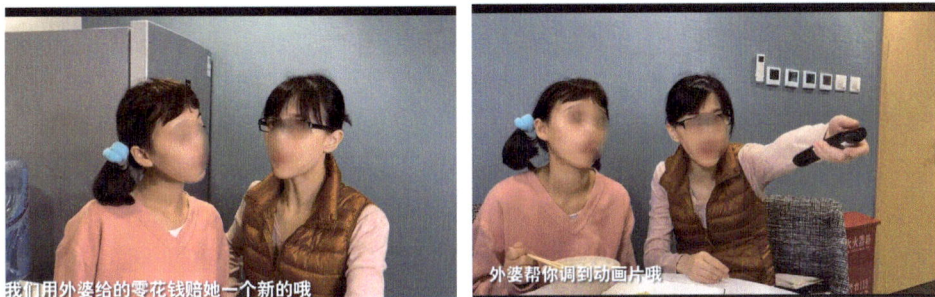

图6-9 视频"父母的双重标准"

3. 选题切入角度足够巧

现在很多视频都会借助人们对于热点的关注来带动播放量，但这样也形成了很多同
质化的内容。视频如果能在利用热点的同时把握切入角度，就能形成差异化，让受众眼
前一亮。比如某自媒体在情人节期间推出的名为《过了个情人节，为何这些人都分手了》
的视频，全网播放量就高达数百万，很重要的原因在于其在原本象征甜蜜的情人节热点
上以"分手"为切入点，让人大感好奇。同时在视觉呈现方面，该视频也颇为用心，没
有使用静态的卡通图片，而是将不同个性的人在谈恋爱时的表现用生动有趣的方式呈现
出来，比如情景还原或者借用卡通动画形象等，如图 6-10 所示。

图6-10 情景还原或借用卡通动画形象

6.1.3 视频的拍摄

视频是否能实现预期的营销目标，在一定程度上取决于视频的视觉效果，而拍摄水

准是影响视频视觉效果的重要因素，因此视频的拍摄环节是十分重要的。下面具体介绍视频拍摄的相关知识。

1. 视频拍摄的角度

在视频中，不同的拍摄角度会产生截然不同的视觉效果，进而直接影响受众的观看感受。合理运用拍摄角度，可以让视频想要传达的视觉信息通过眼睛传递到受众的大脑，引导受众产生预期的观看反应，进而实现营销推广的目的。视频拍摄的角度可以从形式和心理角度进行分析，下面进行具体介绍。

画面构图技巧

（1）从形式上进行分类

拍摄的角度从形式上可以分为平视、仰角、俯角、倾斜角等。

① **平视**。平视又称为"一般拍摄角度"，是将被摄对象置于与摄像机镜头水平的位置上进行拍摄。平视镜头很少能产生强烈的戏剧性效果，在视觉上较为接近人眼日常观看的效果，因而容易使受众产生认同感，让人产生置身其中的感觉。

② **仰角**。仰角拍摄就是将被摄对象置于视平线上，摄像机则处于低于视平线的位置，也就是从低处向上以仰角拍摄。这种角度会让受众产生一种被摄对象形象高大、庄严等感觉。通常仰角拍摄含有某种歌颂、赞颂的情感色彩。同时，在仰角拍摄的镜头中，周围的环境也会缩小，天空或天花板就成了唯一的背景，会使受众产生一种压抑感。图6-11所示是某手机品牌发布的推广视频截图，视频讲述了一位开出租车的单身母亲带着孩子接送乘客的故事，图6-11（b）中的画面即采用仰角拍摄，反映了女主角在慌忙中照料孩子时的情景，一方面凸显了女主角身上的母性光辉，另一方面在心理上给人一种逼仄感和不安全感，让受众不由得担心母女二人接下来的遭遇。

（a）　　　　　　　　　　　　　　　　（b）

图6-11　某手机品牌发布的推广视频截图

③ **俯角**。与仰角相反，用俯角拍摄时是将被摄对象置于摄像师的视平线下的位置，从高处往下拍摄，给人以低头俯视的感觉，有利于表现地平面上的景物层次、数量、位置等，能够给人一种辽阔、深远的感受，如图6-12所示。用俯角拍摄时镜头视野开阔，画面中

的水平线升高，周围环境得到较充分的表现，而被摄对象却显得矮小而压抑。

图6-12　用俯角拍摄

④ **倾斜角**。就是先使被摄对象与视平线形成一定的角度，再改变取景框中水平线的位置。用倾斜角度拍摄的人或物显得站立不稳，似将向一边倒下。倾斜角度能使受众产生一种紧张不安的心理，可展现出滑稽、捉摸不透的情感。

（2）从心理角度上进行分类

从心理角度上，拍摄角度可以分为主观性角度和客观性角度，也就是主观镜头和客观镜头，下面进行具体介绍。

① **主观镜头**。主观镜头就是将摄影机置于视频中的某个人物的视点上，以该人物的感受向受众交代或展示景物，如人物在梦中、流泪、醉酒、从昏迷状态苏醒时、眼疾手术后重见光明等情景下看到的画面。主观镜头常用来表现特定人物的特定感受，带有强烈的主观色彩，可以使受众有身临其境、感同身受的感觉，进而产生情感共鸣。

② **客观镜头**。客观镜头就是以一种客观的角度进行拍摄的镜头，拍摄者的主观色彩不明显，主要是将拍摄内容客观地呈现出来，通常较为冷静、从容，往往能给受众一种客观的印象。现在的视频多以客观镜头为主，只有少数情况下才需要运用主观镜头来表达信息。

图 6-13 所示的是某运动品牌发布的推广视频的画面，视频以穿粉红背心的女主角的奔跑为内容主线。

（a）　　　　　　　　　　　　　（b）

图6-13　某运动品牌发布的推广视频画面

图 6-13（a）是以第三人称的角度进行叙述的，拍摄该画面运用的是客观镜头，而图 6-13（b）的画面中出现的则是沿途为女主角加油的人群，属于以女主角的视角看到的场景，拍摄时运用的是主观镜头。

2. 视频拍摄的要求

在拍摄时，可能出现一些问题，如摄影机过分移动，拍摄进程不稳定，拍摄的整体画面出现倾斜、不平衡。此外，还可能有在逆光的情况下进行拍摄，会出现画面主体不清晰；固定画面太少，后期编辑时没有过渡的镜头；声音不清楚等问题。为了避免出现这些情况，我们需要掌握一些拍摄技巧，拍摄的总体要求包括平、准、稳、匀。

① 平。保持摄像机处于水平状态，尽量让画面在取景器内保持平衡，拍摄出来的影像才不会倾斜。

② 准。在摇镜头或移动镜头时，起幅和落幅要一次到位，不能晃来晃去。

经验之谈

对于运动镜头而言，拍摄的过程通常可以分为3部分，即起幅、运动和落幅。起幅指的是镜头的开始部分，落幅指的是镜头结尾画面的构图，而运动指的是推、拉、摇、移等技巧运用的过程。一般情况下，拍摄时应该为后期剪辑留下足够的选择余地。同时，由于人们习惯由静到动然后再到静的这样一个观看方式，因此，摄像师在拍摄运动镜头时除了要保持稳定、将运动部分拍摄完整之外，还应该将起幅和落幅都多拍摄5秒左右。

③ 稳。指画面要稳定，拍摄时尽量使用三脚架，不要因变焦而出现画面模糊不清的情况。

④ 匀。拍摄运动镜头的过程中速度要匀称，除特殊情况外，不能出现时快时慢的现象。

（1）保持画面稳定

画面稳定是拍摄视频的核心，虽然现在很多摄像机都带有防抖功能，但是要提高拍摄的视频的稳定性，则需要使用三脚架来保持画面稳定，如图 6-14 所示。在没有三脚架的情况下，摄像师需要双手持机（右手正常持机，左手扶住屏幕）使机器稳定，若胳膊肘能够顶住身体找到第 3 个支点，则摄像机会更加稳定。

图6-14　视频拍摄

（2）拍摄时间的把握

在拍摄视频时，要分镜头进行拍摄，因为长时间观看同一视角的视频会使人失去观看的兴趣。而同一个动作或同一个场景通过几段甚至是十几段不同镜头的视频连续进行展现，就会生动许多。可以分镜头拍摄多段视频，然后将它们剪辑在一起，形成一个完整的视频。因此，摄像师在拍摄视频时应尽量对拍摄时间进行控制，保证特写镜头控制在 2～3 秒，中近景控制在 3～4 秒，中景控制在 5～6 秒，全景控制在 6～7 秒，大全景控制在 6～11 秒，而一般镜头控制在 4～6 秒为宜。对拍摄时间进行控制，可以方便后期制作，让观看者看清楚拍摄的场景并明白拍摄者的意图，使视频效果更加生动。

3.　摄像机拍摄设置

在使用摄像机拍摄视频前，需要先了解摄像机设置的相关知识，包括常用的摄像机拍摄模式、时间码的设置和选择短片记录尺寸等。

（1）常用的摄像机拍摄模式

摄像机有不同的用途和使用者，也有不同的拍摄模式。一般而言，常用的摄像机拍摄模式分为手动光圈模式、自动光圈模式、逆光补偿拍摄模式和微距拍摄模式。下面分别进行介绍。

① **手动光圈模式**。摄像机的手动光圈模式就是摄像机的光圈大小由摄像师本人手动进行调整。一般而言，手动光圈模式主要用于需要曝光补偿和特殊影调的场景。其原理是光圈的大小决定进光量的多少，调整光圈就可以直接调整画面的明亮度。对于一名专业摄像师而言，手动调整光圈是一项基本技能。

② **自动光圈模式**。摄像机的自动光圈模式就是自动曝光模式，特别适合初学者和普通大众。自动光圈模式是由摄像机内固定的程序控制的，可以针对现场的光照条件自动选用合适的光圈进行摄像工作，拍摄出比较合适的视频画面。

③ **逆光补偿拍摄模式**。部分摄像机设有逆光补偿拍摄模式，以替代手动光圈模式。在逆光的情况下，画面的亮度可能会显得很暗，拍摄出来的主体也容易丢失细节，难以得到较好的展现。此时利用逆光补偿拍摄模式可以给予一定的曝光补偿，提升画面的明亮度。需要注意的是，在正常光线下使用这种拍摄模式容易导致画面过亮。

④ **微距拍摄模式**。在摄像过程中，有时需要对微小物体进行近距离放大拍摄，但往往会受摄像机对焦距的限制，难以获得理想的效果。因此，部分摄像机加入了微距拍摄模式，只要按下微距按钮，就可以进行更大倍率的拍摄。

经验之谈

除了上述拍摄模式之外，摄像机还有一些特殊的拍摄模式，如高速摄影模式、延时摄影模式、红外摄影模式、3D摄影模式等。对于一些摄影技能较为娴熟的摄像师而言，这些特殊模式可以帮助他们拍摄出要求更高的视频，营造出更好的视觉效果。

（2）时间码的设置

时间码是摄像机在记录图像信号时，对每一幅图像记录的具体时间编码。摄像师通过活用时间码能将多台摄像机拍摄的多个视频数据同步编辑到短片中，以此提高编辑的效率。时间码的记录方式有记录时运行和自由运行两种，记录时运行指只在拍摄时计时，自由运行是指无论是否拍摄，时间码都在计时。

（3）选择短片记录尺寸

短片记录尺寸一般包括3种画质，即全高清、高清和标清，可以根据视频的用途进行选择。全高清具有高画质、高分辨率的特点；标清画质具有数据容量小、使用便捷的特点；高清也具有比较高的画质，但数据容量相对全高清较小。

4. 拍摄视频的流程

拍摄高品质的视频，一般都不是一件轻松的工作，有时甚至短短几十秒的视频也需要花费大量时间。其原因在于拍摄涉及较多的流程，包括前期的准备、拍摄、后期合成等。下面具体讲解视频拍摄的流程。

微课：拍摄视频的流程

（1）熟悉视频拍摄脚本

在拍摄视频前对视频拍摄脚本进行反复研究是十分有必要的，如场景、人物、剧情等。只有对拍摄脚本有所了解后，才能选择合适的拍摄环境、拍摄时间。对于重点表现商品的视频，可以根据商品的大小和材质来选择拍摄的器材及布光方式等。

（2）道具、演员与场景的准备

熟悉视频拍摄脚本后，我们就可以准备道具、选择演员以及布置场景等，为视频拍摄做好前期准备工作。

① **道具**。视频拍摄可选择的道具有很多，但需要根据实际需要来选择。在室内拍摄的视频需要选择合适的摄影灯，若需要现场收音则需要录音设备。道具的选择要适当，否则会出现场景杂乱的现象。

② **演员**。用于营销的视频不同于影视剧，演员的演技不是重点考量的因素，而要根据视频的推广目的、风格和定位来选择演员。比如，以搞笑为主的视频最好选择有亲和力、有幽默感的演员，而以展示服饰穿搭或美妆商品为主的视频就对演员的外形条件、个人气质有所要求。

③ **场景**。拍摄的场景包括室内场景和室外场景。室内场景需要考虑灯光、背景和布局等；而室外拍摄则需要选择一个合适的环境，避免在人物繁杂的环境中进行拍摄。无论是室内场景还是室外场景，摄像师都需要拍摄多组视频，以便后期的挑选与剪辑。

（3）视频拍摄

一切准备就绪后，便可进行视频拍摄了。一般而言，视频拍摄应该确保图像清晰。

要想拍出图像清晰的视频，其中有两点是十分关键的。下面分别进行介绍。

① **对焦准确**。只有对焦准确才能使被摄主体在画面中始终保持最清晰的状态，必要时摄像师应进行手动调焦。在对焦时可以采用以下方法：把镜头的焦距推到最长后，对准被摄主体调整图像，使被摄主体在画面中呈现出最清晰的状态，然后再调整到适当的焦距进行拍摄。

② **场景照明度适中**。如果光线过暗，将会造成画面中被摄主体前后成像不实的现象，从而影响图像效果。

（4）后期合成

视频拍摄完成后，我们需要将多余的部分剪掉，然后进行多场景的组合；还需添加字幕、音频、转场和特效等，这些操作需要通过视频编辑软件完成。常用的视频编辑软件有会声会影和 Premiere 等。对新手来说，会声会影操作简单，更易掌握。

在会声会影中处理视频后，可根据输出视频的用途，将视频输出为不同格式，常用的视频格式包括 AVI、MPEG、MOV、WMV 等。

经验之谈

会声会影是一款强大的图片和视频制作、剪辑软件，具有多种视频编辑功能和动画制作效果。会声会影旗舰版2019提供了无缝转场、色彩矫正、分屏视频等功能。

5. 使用手机拍摄视频

前面所讲的视频拍摄内容主要针对的是摄像机，但随着电子信息技术的发展，手机的拍摄功能越来越强大，因而也成了视频拍摄的主力军。相对于笨重的摄像机而言，手机拍摄更为简便，除了需要准备必要的设备，如三脚架、灯光和场景等，只需打开手机的拍摄功能，将其切换为录像状态，在屏幕上方点击拍摄的物品进行对焦，然后进行视频的拍摄即可。当然，在拍摄之前，为了保证视频的质量，还可以在相机设置中将分辨率调到 4K，并设置对焦方式为手动对焦，避免对焦不准的情况发生。

当然，由于各方面条件的限制，目前手机拍摄的视频主要还是短视频。国内热门的短视频平台均提供了强大的拍摄功能，让用户可以随时随地拍摄短视频，并为短视频附加了很多新颖的视觉效果。下面就以抖音平台为例介绍手机拍摄短视频的技巧。

经验之谈

目前，国内的短视频平台众多，比较热门的有抖音、快手等，各平台都有自己的特点。其中抖音的定位是：一个旨在帮助大众用户表达自我、记录美好生活的短视频分享平台。抖音为用户创造了丰富多样的玩法，让用户可以轻松快速地制作出有趣的短视频。

（1）利用"倒计时"功能

"倒计时"是一个非常实用的功能，能帮助拍摄者独自完成短视频的拍摄。特别是在远距离拍摄（手机与被摄者距离较远）的情况下，拍摄者可以在拍摄前设置好倒计时（如10s），然后将手机摆放到相对较远的位置，等到10s倒计时结束后开始相应的表演，而此时抖音会自动开始拍摄。

开启"倒计时"功能的方法很简单，进入抖音App后在首页点击底部的【+】进入图6-15所示的拍摄界面，点击界面右侧的"倒计时"图标，打开图6-16所示的界面，在界面底部可以设置倒计时秒数（3s或10s），然后点击"开始拍摄"按钮。

需要注意的是，如果拍摄者需要拍摄多个场景或者中途需要更换衣服、道具等，可以调整图6-16所示的界面底部节拍器的黄色线条，使拍摄进度到达黄色线条位置时自动暂停，以便为下一个场景的拍摄做准备。

图6-15 拍摄界面

图6-16 调整暂停位置

（2）自主调节拍摄速度

用抖音拍短视频时还可以自主调节拍摄速度。所谓自主调节拍摄速度，简单地说就是调整拍摄频率以实现类似电影中的慢镜头和快镜头的效果。图6-17所示的短视频就通过调慢拍摄速度来着力表现"榨汁"的过程，通过使用这样的慢镜头效果不仅可以完整地呈现细节，还可以给受众一种新奇的视觉感受。而图6-18所示的短视频则通过调快拍摄速度来表现都市十字路口车水马龙的景象。这样拍摄出来的视频，可以在很短的时间内反映较长时间段的被摄主体或场景的变化，并产生一种夸张的视觉效果，如美食制作类短视频常利用这样的方法快速表现一些耗时较长的操作步骤，并使受众产生一种"这些操作其实不麻烦"的心理感受。

图6-17　调慢拍摄速度

图6-18　调快拍摄速度

经验之谈

　　抖音中提供了"极慢""慢""标准""快""极快"等几种拍摄速度，使用户不必进行复杂的设置就可以轻松营造出如电影大片一般奇妙的视觉效果。

（3）利用"分段拍摄"功能

在抖音中可以分段拍摄短视频。除了利用倒计时功能进行暂停设置外，用户还可以长按"拍摄键"开始拍摄，松开后拍摄即会暂停，待下一次拍摄时再长按"拍摄键"即可重新开始拍摄。抖音中的很多短视频达人都利用"分段拍摄"功能制作出了带有酷炫视觉效果的短视频，图6-19所示的短视频就利用"分段拍摄"功能营造出了"一秒换装"的效果。

图6-19　一秒换装

🎓 **经验之谈**

　　在实际拍摄抖音短视频时，用户可以综合利用上述几种功能，如在分段拍摄时可以调整拍摄速度，形成快慢结合的视觉效果，给人新奇的视觉体验。同时，抖音还提供了各种特效、道具和滤镜，帮助用户拍摄后进行后期处理，以美化短视频。

6. 视频拍摄的技巧

　　对新手而言，拍摄视频时总是抓不住重点，导致拍摄的视频没有亮点。下面讲解一些视频拍摄的技巧，新手按照这些技巧拍摄的视频将更有吸引力。

　　① **拍摄视频前观察环境**。在进行视频拍摄前，先对周围的环境进行观察，考虑清楚哪些镜头可以选择现有的场景。在拍摄时要时刻注意周遭的状况，尤其要注意沟渠、阶梯或来往的车辆，以防危险情况的发生。

　　② **拍摄时要尽量为剪辑做准备**。拍摄时要考虑剪辑工作。拍摄只是一个完整作品的一部分，要从技术与艺术上掌握拍摄与剪辑的基本规律。

　　③ **从多个角度进行拍摄**。对同一物体进行不同角度的拍摄，物体的面貌会有所不同，这有利于后期的制作和被摄主体全方位的展示。

　　④ **捕捉事件的高潮**。为了展示所拍视频的气氛，要重点利用镜头的表现力。

⑤ **围绕主体拍摄**。拍摄视频要围绕拍摄的主体或中心人物进行拍摄。中心人物可以是一个或几个，但中心人物的行为、情绪与言语是贯穿整个视频的逻辑主线，不必将所有在场的人物都进行详细的介绍。

⑥ **细节的刻画**。细节的刻画对衡量一个视频的优劣有着举足轻重的作用。对新手而言，拍摄的视频可能会平淡无奇；但是优秀的创作者会进行全方位的观察，利用镜头捕捉人物的神情并刻画微妙的细节。

6.2　短视频的视觉创意

在互联网时代，信息越来越碎片化，短视频以较广的受众、较快的传播速度，逐渐在视频营销领域占据重要的位置。而视觉创意是短视频营销能够取得成功的重要因素。本节主要以案例分析的形式介绍几类短视频的视觉创意，包括营造视觉奇观凸显创意、借用热点形成创意、运用无厘头搞怪制造创意、运用类比对比手法形成创意和通过剧情反转形成创意。

6.2.1　营造视觉奇观凸显创意

短视频是新媒体时代视觉文化的产物，它以具体生动的形象为中心，注重的是感性体验。人们观看短视频，很多时候是在享受视觉奇观。在当代，短视频制造出的大量视觉奇观更容易刺激受众产生幻想和欲望，使其感官愉悦、获得即时的满足。在短视频视觉营销中，通过营造视觉奇观来凸显创意的方法被商家广泛使用，其通过炫目的视觉体验俘获受众的眼球，可以在潜移默化中将品牌信息传递给受众。

某运动品牌发布了一个体现视觉奇观创意的短视频。该短视频的主题是"空降西安古城寻宝闯关"，以寻宝部队在西安古城中的各项挑战为线索，串联起跑酷、街舞等年轻人喜爱的街头运动，体现了青春、朝气、活力、自信的品牌形象。

该短视频的亮点是其炫目的视觉效果。短视频的拍摄地点——西安是一个富有历史气息的城市，而短视频想要呈现的风格却是炫酷潮流风，怎样赋予一座历史古城以现代活力，是短视频制作者必须考虑的问题。除了选择跑酷、街舞等街头运动外，在视觉风格方面，该短视频利用独特的镜头语言和后期特效处理打造了具有吸引力的视觉效果，以视觉奇观来迎合品牌受众——都市年轻人的喜好。

该短视频以女主角的面部特写开始，如图 6-20 所示，但并未采用中规中矩的表现方式，而是将画面一分为二，在画面右侧将女主角的面部漫画化，同时以一双炯炯有神的眼睛象征着人物已做好准备接受挑战，这也是电影中常用的手法。紧接着，画面呈现了女主角所置身的环境和全身穿着（该品牌运动服饰），第一次展现了品牌商品，并在画面下方添加英文"START"提醒受众寻宝闯关即将开始，如图 6-21 所示。

接下来的镜头俯拍城市的古建筑，并通过后期处理添加特效，模仿游戏场景，营造出一种寻宝竞技的紧张感，如图 6-22 所示。而在表现女主角在城市中奔跑时，则通过夸张的尺寸对比来营造视觉奇观，将女主角放大至与房屋相同的尺寸，一方面有利于表现人物穿梭于城市之中的身体姿态，另一方面让受众看到一个如梦境般不可思议的场景，仿佛进入了另一个不真实的世界，如图 6-23 所示。

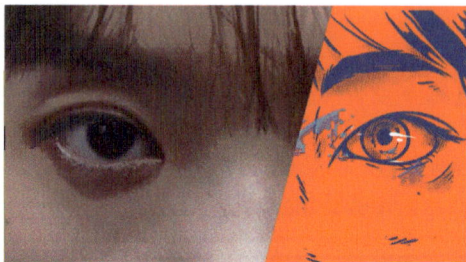

图6-20　面部特写

图6-21　闯关开始

图6-22　俯拍城市古建筑

图6-23　夸张的人物尺寸

在表现街舞场景时，短视频背景中的地面被特意处理为炫目的多彩玻璃地板，并可以随着人物的动作而改变颜色，令人联想起经典的跳舞毯电玩，并通过将人物所穿着的品牌商品——运动鞋放置在画面的视觉焦点处而突出商品的时尚设计，如图 6-24 所示。同时，变换拍摄角度也是营造视觉奇观的一种常用方法，图 6-25 所示的画面就模仿了倒立人物的视角，将整个画面颠倒过来，这种不同于常规的视角很容易给人一种惊奇的视觉体验。

图6-24　将运动鞋放置在视觉焦点处

图6-25　不同于常规的视角

该短视频充分调动了受众的视觉感官，使用了特效、放大人物、变换视角等手段，配合流畅快速的剪辑节奏，营造了炫目的视觉奇观，并在画面中有意凸显了品牌旗下的各种商品（服饰、运动鞋等）和Logo，如图6-26所示，塑造了朝气蓬勃、敢于冒险的品牌形象，起到了不错的营销效果。

图6-26 凸显品牌商品和Logo

6.2.2 借用热点形成创意

热点是指某个时间在各种社交平台刷屏的内容，有可能是一部热门电视剧、一句网络流行语或者一个段子等。借用热点的好处是可以使短视频更具有话题性、更吸引受众的眼球，也更容易引起受众的共鸣。但要借助热点并从中挖掘出真正的创意，还需要对其进行加工；可采用的方式有很多，如戏仿、改编热门影视剧桥段，或者利用其中的关键元素进行再次创作。

近年来故宫淘宝活泼有趣的文案获得了大众的喜爱，成了很多人的表情包，因而也使得清代历史人物纷纷成了"网红"。在这样的背景下，菊花白酒受故宫淘宝文案塑造各种俏皮的清宫人物的启发，创作了一个创意十足的短视频，如图6-27所示，达到了很好的营销效果。

该短视频借用故宫淘宝的热点讲述了一个与皇帝争酒的有趣故事。主角准备好了一桌好菜，觉得还应该配上一壶好酒，于是对着墙上的皇帝画像要酒喝，没想到画中人——皇帝突然有了生命，抬手为主角倒上了一杯酒，主角一饮而尽后觉得还不过瘾，但皇帝却舍不得再倒给他了，在争执中，主角竟然一把夺过了皇帝的酒瓶，发现原来是菊花白酒。皇帝因此勃然大怒，叫来了太监，太监抢回酒瓶后对着主角呵斥道："菊花白酒乃以白菊、人参、枸杞秘法蒸炼而成的皇家特供御酒，岂是尔等可以享用的！"但话声刚落，太监就扔来一个纸团，纸团上写着"菊花白酒，网上已能买到了哦！嘘！"原来太监嘴上说菊花白酒不是一般人能享用的，背地里还是偷偷将该酒的获取渠道告诉了主角。

从上面对剧情的叙述可以看出，该短视频以第一人称视角展开剧情，模拟了真人与画中人的互动来增加代入感，并巧妙植入了商品信息和卖点，最后以出人意料的结尾增强内容的幽默感，十分富有创意。而在视觉方面，该短视频也进行了精心的设计，很好地配合了剧情的展开和营销目标的达成。

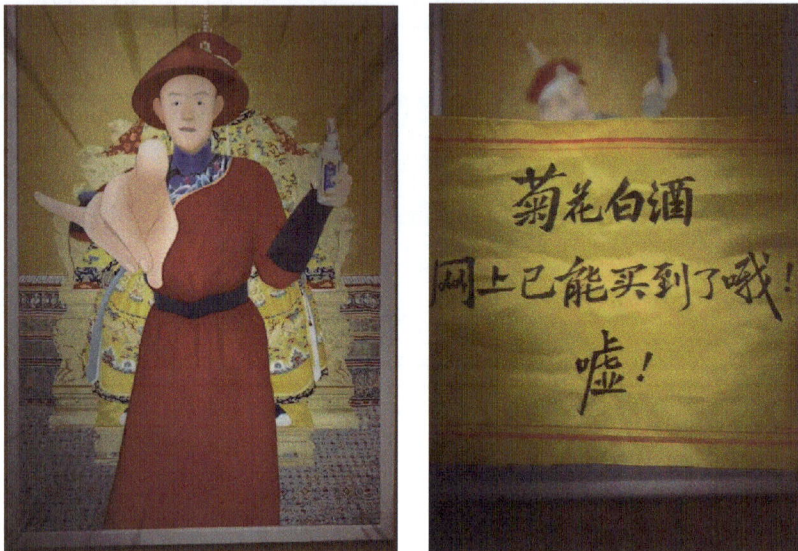

图6-27　菊花白酒发布的短视频

短视频以皇帝、太监和主角的互动展开，利用拍摄产生的纵深感将短视频的画面分为前后部分，前半部分为现实世界，表现的是主角的动作，后半部分是画中世界，特殊的技术处理使画中人动起来，给人一种画中人要跃出图像的感觉，前后两部分的互动使得短视频画面有了更强的立体感。在色彩方面，由于该短视频推广的是菊花白酒，所以画面中以明黄色为主色调，以红色、蓝色等为辅助色，不仅搭配十分协调，而且符合清朝宫廷的用色习惯。

同时，为了达到预期的营销效果，该短视频在画面设计方面也颇为细致。皇帝为主角倒酒时，画面中特意添加了几朵小菊花，仿佛小菊花随着菊花白酒一起"倒"出来了，这不仅与推广对象——菊花白酒相呼应，而且使菊花白酒更加形象，使得不能直接品尝白酒的受众间接联想到菊花的清香，进而想象出该酒的甘醇口感，充分调动起受众的感官，使受众产生购买的欲望。主角将菊花白酒抢过来时，画面中部被菊花白酒的包装瓶所占据，让受众可以很清楚地看到品牌的名称及其独特的瓶身设计，增强了受众对品牌商品的记忆。在短视频的最后，主角打开太监扔来的纸团，画面中心位置被纸上的3排大字所占据，如图6-27所示。这3排字是该短视频的核心信息，告知受众菊花白酒的购买渠道，因此在视觉上文字呈现得十分清晰，并有意识地让该画面停留了几秒，确保受众都能看清并收到这一信息。

6.2.3　运用无厘头搞怪制造创意

无厘头，原是广东地区的一句俗语，其意思是一个人说话、做事令人难以理解，没有明确目的。而从其概念和内涵的角度来说,无厘头有两种解释:一是没有缘由、没有来头、莫名其妙之意;二是将"厘头"理解为"准则","无厘头"就是无准则、无分寸、乱来的意思,由此引申出"戏说、搞笑"等意。从事物关联的角度来看,大众颇为熟悉和喜爱的周星驰的电影就是典型的无厘头搞笑喜剧片,如图6-28所示。周星驰的电影中荒诞的剧情、夸张的表演以及没有太多实际意义的台词都给人一种不合常理、不合逻辑却又十分滑稽有趣的感觉,大胆突破了传统的禁忌,与年轻人追求新奇搞怪、张扬个性的特征相契合,而这就是无厘头风格能获得当下年轻人喜爱的原因之一。

图6-28 周星驰的电影

当下短视频的受众以年轻人为主,这类群体往往追求一种自由的感受,一种在娱乐中随心所欲、不受约束的状态,通常会选择轻松无负担的娱乐活动来舒缓工作和生活上的压力。因此,无厘头风格的短视频更易获得受众的转发与点赞。各商家为了在短视频这个领域取得较好的营销效果,也都纷纷运用无厘头搞怪制造创意,以迎合受众的喜好。

图6-29所示是某手机品牌创作的一个充分体现无厘头创意的短视频。该短视频是一则简短的小故事,主人公是一名梦想成为摄像师的小伙子,但却突然染上了"手抖"的怪病,无法再拍出清晰的画面。为了不让自己的摄像师梦想化为泡影,小伙子找到了一位妙手回春的老中医。老中医出人意料地拿出了秘方——具备拍摄防抖功能的OPPO手机。仍然在不停手抖的小伙子拿着OPPO手机为老中医拍摄视频,却发现无论自己的手怎么抖,视频画面依然清晰稳定,因此小伙子的病也就不是问题了。

从上面的叙述中可以看出,这则短视频真的算得上十分"无厘头"了。小伙子的怪病、老中医的怪招以及二人夸张的台词与表演都让人感觉十分古怪滑稽,尤其是用防抖的手机来"医治"小伙子手抖的情节设置,乍看起来非常不符合逻辑,产生了一种荒诞的效果。但这部短视频之所以成功,不仅在于其"无厘头"的情节令人发笑,还应归功于短视频制作者很好地将商品的特点与视频情节融合在了一起,巧妙地从商品的核心卖点——防抖拍摄功能出发,联想到"手抖"这一关键词,将其夸张为"手抖"的怪病,进而设置了一个"中医看病"的场景,最后以老中医秘方的名义引出商品。这样的情节表面上看起来荒诞,实则是精心设计的结果。

图6-29 "无厘头"创意短视频

在短视频临近结束时，主角示范了手机是如何实现防抖拍摄的，此时手机被放置在视觉焦点位置——画面中央，并通过模糊的背景与手机屏幕中清晰的画面的对比凸显手机强大的防抖拍摄功能，最后在画面上方位置通过大号字体的文案"拍视频超防抖，更稳更清晰"，一方面帮助受众理解短视频的情节，另一方面加深受众对短视频核心信息——OPPO手机的记忆。从视觉营销的角度来看，该短视频通过无厘头的表演和富有张力的商品呈现很好地抓住了受众的眼球，既很好地完成了情节叙述，又巧妙地突出了商品特色，与短视频整体上"无厘头"的风格相契合，是一部比较成功的无厘头创意类短视频。

6.2.4　运用类比和对比手法形成创意

通常人们都认为类比和对比属于文学中的修辞手法，合理地运用可以使文章更为生动、有感染力。其实在短视频的创意中，类比和对比也是常用的创意手法。下面分别进行介绍。

1. 类比创意

类比就是由两个对象的某些相同或相似的性质，推断它们在其他性质上也有可能相同或相似的一种推理形式。类比是一种主观的不充分的似真推理，在逻辑上不具有严谨性，但运用在创意过程中却可以起到出其不意的效果。在进行类比创意时，首先需要围绕短视频的传播目标、受众、商品定位等方面进行分析，提炼出关键信息（一个词或一句话），然后再寻找能够较好地传达关键信息的类比对象，并构建场景，结合视觉画面设计、文案设计等表现方式制作出既能传达关键信息又具有一定欣赏价值的短视频。

图 6-30 所示的短视频就运用了类比创意的手法。该短视频的主角是"Reno 橙"手机，该手机的最大亮点是其明亮鲜艳的橙色外壳。因此，在商家为了推广该款手机而制作的短视频中，"橙色"无疑是关键信息。而 Reno 橙手机在外观上又与橙汁冰棒十分相似，因此该短视频选择了将橙汁冰棒与 Reno 橙手机进行类比，以二者都是橙色为特征，进而让人下意识中产生 Reno 橙手机似乎也具有橙汁冰棒清凉舒爽、沁人心脾特点的感觉，其用意是突出该款在夏季上市的手机年轻化、富有活力的商品风格定位。

图6-30　类比创意短视频

在视觉上，该短视频搭建了制作橙汁冰棒的场景，以制作橙汁冰棒的步骤为短视频内容的主线。当视频主角在制成橙汁冰棒并用手将其拍出模具时，Reno 橙手机也神奇地出现在了橙汁冰棒中间。整个短视频以橙色为主色调，选择了橙子、菠萝、胡萝卜等色彩鲜艳、偏暖色调的素材，以绿色、粉红色等作为辅助色，整个画面呈现出热情、明媚、有活力的特点，与商品的卖点相契合，也符合商品受众——年轻人的审美喜好。同时该短视频的拍摄节奏很快，不仅加速了场景转换速度，而且人物动作也加大了幅度，并不时运用果汁四溅、冰块跳动等画面来增强画面的动感，使整个短视频给人一种活泼、轻快的印象，用独特的镜头语言凸显商品的风格特点。

🎓 经验之谈

上面分析的这个例子主要是抓住了Reno橙手机和橙汁冰棒二者外形方面相似的特点。其实在进行类比创意时还可以将思路拓宽，在其他属性上进行挖掘。例如，图6-31所示的短视频也同样运用了类比创意的手法，将三明治的制作与手机充电进行了类比，通过视觉传达体现出二者的共同点——简便、耗时短，因而突出了所要推广的手机充电速度快的卖点。

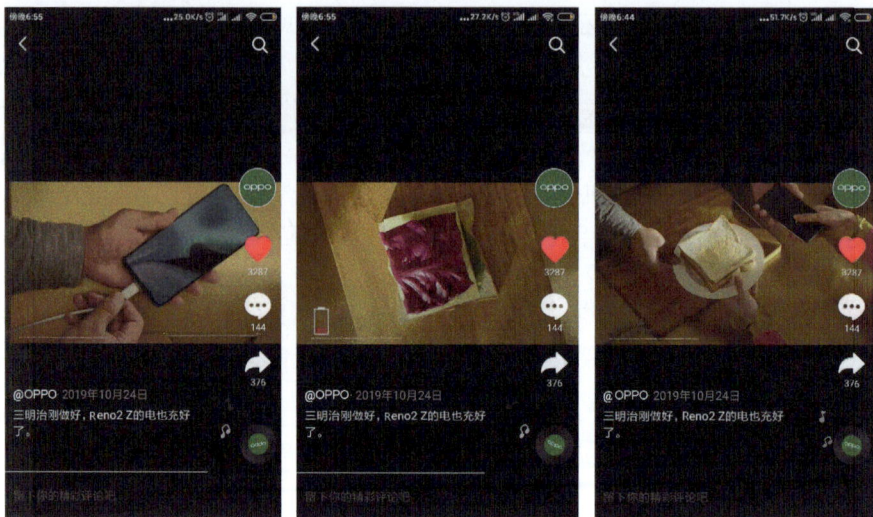

图6-31 将三明治制作与手机充电类比

2. 对比创意

对比是把具有明显差异、矛盾和对立的双方安排在一起，进行对照比较。通过将对立的意思或事物，或把事物的两个方面放在一起做比较，让人更容易分清好坏、辨别是非。在创意过程中运用对比手法，就是把事物、现象和过程中具有明显差异的双方，安排在一定条件下，使之形成相辅相成的对比和呼应关系，从而加强感染力。

图 6-32 所示的就是一部体现了对比创意的短视频。该短视频讲述了一个十分常见的生活场景，在一个风和日丽的日子，主角心情愉悦地在街边的遮阳伞下办公。但突如其来的一场交通纠纷却破坏了主角的清静。在七嘴八舌的争执声中，主角无法信中精力继续办公，不禁开始抓狂，甚至揪起了自己的头发。这时场景一变，四周的纷扰都不见了，轻松的音乐响起，原来主角戴上了降噪耳机，脸上的表情也由无奈郁闷转变为自在惬意。这时背景中再次出现了纠缠不休的人群，但已经再也无法影响主角了。通过戴上耳机前后的场景以及主角状态的对比，该短视频传达出了推广目标——降噪耳机具有强大的降噪功能的信息。

在视觉上，该短视频也极力展现戴上耳机前后的两种场景的截然不同。戴上耳机前，画面着力表现出场面的"混乱无序"，在前景（看上去离观看者最近的景物）中放置争吵的人群，并与视频的背景音（噪声）相配合，以反映环境的嘈杂。同时将抓狂的主角放置在画面的后端，根据近大远小的原理，主角在争吵的人群面前显得很渺小，以体现其无奈的处境；戴上耳机后，整个背景仿佛被"清空"了，争吵和围观的人群都不见了，画面显得特别干净，与视频中的轻松音乐相得益彰，传达出一个信息：吵闹已经消除。在短视频的最后，镜头落在了主角惬意的表情上，直白地表现出主角的心情和状态，并在画面下半部分配以"一键降噪，结束 100 种吵闹"的大字号文案进行点题。虽然使用这样的对比手法已经不算特别有新意，但通过视觉上的巧妙设计以及画面声音的完美配合，该短视频还算是一部比较成功的对比创意类短视频。

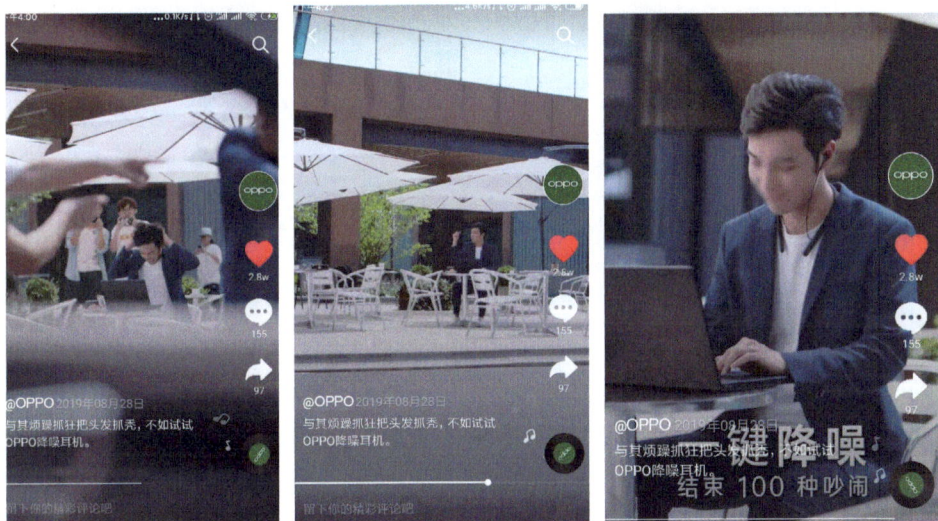

图6-32 对比创意类短视频

6.2.5 通过剧情反转形成创意

在热门的抖音短视频平台上，剧情反转类短视频是十分常见且受欢迎的。所谓剧情反转，就是视频的前半部分正常叙述，在视频中间突然使剧情发生出人意料的转折，使前后两部分剧情形成较大的反差，从而营造出戏剧冲突。

图6-33所示的热门抖音短视频中，一位大妈在公交车上霸座，而且不愿意为孕妇让座，男主角走过来对其发出警告。剧情发展到这里，常规思维会认为接下来男主角会与大妈争吵起来，但此时剧情发生了反转，男主角竟然播放了一首《最炫民族风》，大妈听到这首歌的旋律之后情不自禁地开始跳起了广场舞，离开了座位，从而让座成功。不使用暴力手段而是利用广场舞金曲"引诱"大妈翩翩起舞、离开座位，这一点不同于常人思维，也就实现了反转。

🎓 **经验之谈**

> 热门的剧情反转类短视频往往在结构上有相似之处，商家在构思剧情反转类短视频时可以参考一个程序：用10秒抓住受众的注意力，在20s时设置剧情反转，在结尾时设置互动（如提醒受众点赞、转发等）以涨粉。

图6-33　剧情反转

6.3 短视频营销效果的提升

对于短视频营销而言，除了创意之外，还有一些技巧可以用来提升其营销效果。本节将从情感渲染和传达价值观念两个方面展开介绍。

6.3.1 情感渲染

随着社会经济的不断发展和总体生活水平的不断提高，人们的物质需求越来越容易得到满足，而精神需求开始凸显其重要性。在精神需求中，归属感和爱对于人们来说是不可或缺的。因此，在视频营销中借助情感渲染的手段来实现营销目的成了重要的营销手段。这里的情感渲染具体是指从受众的情感需要出发，唤起和激起受众的情感需求，诱导受众产生心灵上的共鸣，寓情感于营销之中。

例如，某快餐品牌在 2020 年初春节期间发布的视频《铁榔头的眼泪》就以郎平的真实经历为故事基础，讲述了"铁榔头"郎平坚强面对困难和伤病，毅然在女排面临低谷的时候接过主教练的重任，带队夺冠之后流下热泪的故事。该视频利用了放映前大力宣传的电影《夺冠》、新年、春节等多个热点的热度，使各个热点之间形成呼应。而从切入角度方面来说，该视频引用了诗人艾青的著名诗句"为什么我的眼里常含泪水，因为我对这土地爱得深沉"，将郎平的眼泪与爱国联系在一起。

在视觉呈现方面，该视频也利用各种镜头语言和处理技巧来辅助情感的渲染。下面进行具体分析。

视频中的一个场景是郎平去医院拿完检查报告后回家，开始思索要不要接手女排主教练的工作。视频通过画面成功表达了郎平的两难心情，即一方面自己身体状况不佳，女儿希望自己退休，另一方面是自己心中对女排的责任感，因而让受众感受到了郎平的勇气和不易。图 6-34 所示的是郎平检查报告的特写镜头，报告上的眼镜暗示郎平刚刚在仔细阅读自己的检查报告，接下来的画面中郎平独自一人坐在沙发上低头思索，其姿态显示出其内心的踌躇，如图 6-35 所示。这时郎平被猫的叫声所吸引，将目光转移到了猫旁边的老一代女排获得荣誉的纪念照片上，如图 6-36 所示，突然勾起自己对老一代女排曾经辉煌的回忆。这一场景的转移十分巧妙，利用猫在空间上的移动将郎平和受众的注意力自然地转移到老一代女排照片上，为郎平下定决心接任女排主教练奠定了心理基础。

图6-34 检查报告

图6-35 郎平低头思索

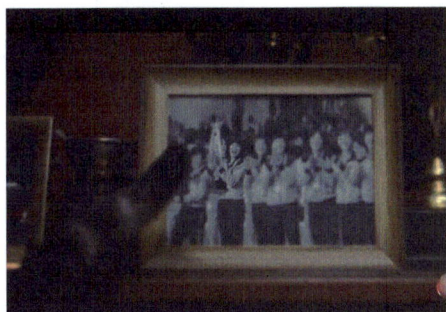

图6-36 老一代女排照片

同时，在引出视频主题"铁榔头的眼泪"时，视频直接采用了郎平在世界杯夺冠后接受采访时眼中含泪、哽咽不语，不愿面对镜头的画面，如图 6-37 所示。同时在加入真实录像时，对画面进行了特殊处理，如使画面色调明显变淡，使其与虚构拍摄场景相区别，凸显其真实感，也体现出坚强的"铁榔头"内心柔软的一面，因而更加打动人。

视频主题将女排精神与爱国情怀联系在一起，这一点在视觉上也得到了体现。视频引用了郎平接受采访时的原话——"只要穿上代表中国的球衣，我们的目标都是升国旗奏国歌"，此时画面中郎平身穿印有"中国"两个大字的红色运动服，坚定地向球场走去，如图 6-38（a）所示，这里的红色是被精心选择用来象征中国的。而图 6-38（b）中红色的运动服占据了画面的大部分空间，"中国"两个白色大字与红色运动服形成较大反差，格外引人注目，画面下方文案"祖国，是郎平开始的力量"采用了大号的、较为方正的字体，呈现出严肃、庄重、有力量的视觉效果。

图6-37　郎平接受采访画面

（a）

（b）

图6-38　身穿红色运动服的郎平

　　在较好地进行了情感渲染后，受众的情绪已经被视频带动了起来，沉浸在对女排精神和爱国情怀的感动中，这时视频巧妙地植入推广品牌的信息。在视觉上，其处理技巧也很巧妙：前一场景是队员在进行排球训练，受众的注意力集中在排球上，队员用力击打排球，然而画面突然转接到另一场景，有人在长椅上放了一桶快餐，如图6-39所示，巧妙的剪辑使该动作与队员击打排球的动作刚好无缝衔接，在视觉上给人一种新奇感，并使受众将注意力顺势转移到快餐桶上，很好地植入了品牌信息。

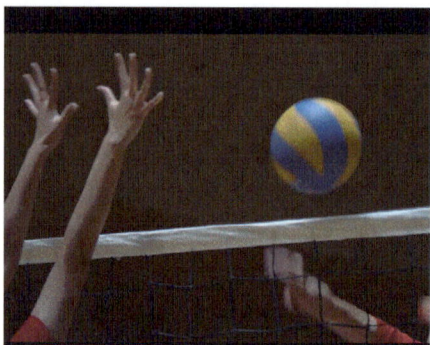

图6-39　植入品牌信息

6.3.2　传达价值观念

当前人们在消费时，除了消费商品本身，通过购物来满足精神需求的特征也越来越明显了。这就使商品在使用价值和交换价值之外，还有由文化、历史、政治、社会、科技、自然等元素组成的符号价值。因此，对于品牌营销来说，单纯宣传商品有多好、服务多贴心、售后多有保障已经不够了，赋予品牌文化内涵是更关键的工作。那如何赋予品牌文化内涵呢？适当地在营销推广视频中传达价值观念是一种比较有效的方式。

某美妆品牌制作了一则名为《她最后去了相亲角》的视频广告，将焦点引向了中国女性的现实生活中常被提及的话题——"婚姻状态"，以纪录片的形式反映了大龄单身女性的内心世界，讲述她们所承受的来自父母和身边人的压力。在视频最后，上海市人民广场的相亲角被"占领"了——一张张大型的"征婚广告"被挂了起来，但实际上并非是"征婚广告"，而是上百名大龄单身女性希望主宰自己命运的心声。当一直催婚的父母在相亲角看到女儿在展示板上所写下的心里话时，他们也理解并尊重了女儿的想法，两代人之间达成了和解。

这则视频广告采取了迂回的营销策略，并没有直接介绍商品，而是直面社会问题，传达了女性追求独立自主、想要掌握自己命运的心声，因而引起了巨大的共鸣，获得了主要目标受众——都市新女性的认同，并取得了惊人的营销成果：该品牌全球总裁接受采访时称，中国地区的销售额在视频广告推出后的 9 个月内暴涨了 50%。取得如此大的成功，该视频的视觉表达有很大的功劳，下面具体进行分析。

视频的开始，画面中依次展现了一位女主角从小到大、不同年龄段的照片，如图 6-40 所示，呈现了其成长轨迹。照片更换速度越来越快，在视觉上传达出这样一个信息：这个女孩一晃就长大了。这些照片的选择也不是随意的，从照片上可以看出该女主角阳光开朗、多才多艺、有较好的学历背景，是一位十分优秀的女性。

图6-40　女主角不同年龄段的照片

此时视频以父母的催婚话语作为旁白，画面中，女主角侧对着镜头，神情忧郁地凝视前方，整体的冷色调烘托出一种孤独、哀伤的氛围，表现女主角的心境。

在视频中几位大龄单身女性讲述自己在生活中受到的压力的段落中，穿插了很多她们孤身一人行走在街道中的场景，如图 6-41 所示。

图 6-41　女主角孤独的身影

视频很快就转到了相亲角段落。在这个段落，视频一扫之前的阴冷色调，用干净、明亮的画面来表现发表"独立宣言"的女性的自信大方，象征着这些女性已经走出了顾影自怜的状态，如图 6-42 所示。

图6-42　独立女性宣言

而父母们读到女儿心声后，也不禁为女儿积极乐观、独立向上的人生态度感到欣慰。这一段视频表现得颇为动人，画面中满脸皱纹的母亲眼角挂着热泪，抬头凝视着女儿的画像，表现出一种赞许的神态，暗示母亲已经理解了女儿，如图 6-43 所示。视频最后，人们在灯光下看着这些女性的另类"征婚广告"，脸上露出了明媚的笑容，如图 6-44 所示。

图6-43　欣慰的母亲

图6-44　人们的笑容

6.4 拓展阅读

目前网络上每天都会出现很多新发布的短视频，内容同质化的现象十分严重，要想短视频获取受众的喜爱，创新是必不可少的。而创新需要设计人员突破既有的思维定式，主要可以从两个方面入手：一是内容；二是形式。下面分别进行介绍。

- **内容**。内容的创意主要体现在创作过程中对内容的把控。经典的、有趣的、轻松的短视频内容更容易吸引受众，同时在这些内容中加入创意，提升其趣味性、想象力、延伸力，可以引发受众对短视频进行传播，甚至形成"病毒式"扩散。故事性就是体现创意的一个方面，很多广为传播的短视频都具有故事性的特点，为其内容设计值得品味的开头、过程和结尾，或跌宕起伏的故事情节，才能吸引受众的注意。为了快速获得关注，还可以利用热点，借势进行内容策划。

- **形式**。形式的创新也是短视频创意的重要组成部分，当前的短视频形式非常多元化，精彩的创意内容与恰当的短视频形式相搭配，能够获得更好的传播效果，这就需要运营人员和设计人员根据内容设计更加适合的短视频形式，如定位幽默、点评的视频，可以使用脱口秀的表现形式等，以获得受众的共鸣。例如，某位定位搞笑、幽默的短视频达人，就采用情景剧的方式创作短视频。在短视频中，这个"90后"男生时而化身烫发穿貂的中年妈妈，时而又扮演20岁出头的小姑娘，一人分饰多角，对妈妈出门旅游时的表现、坐飞机时遇到的空姐和乘客、大学期末考试前各种同学的状态等都进行了演绎。图6-45所示的则是该短视频达人在某短视频平台中的短视频。

图6-45 形式创意视频

6.5 课后练习

（1）根据你的理解，谈谈拍摄角度和画面色调对视频情绪传达的影响。

（2）现有一款充电宝，核心卖点是充电速度快，请以对比手法构思短视频创意，写出大致的拍摄提纲即可。

（3）假如你要为某文具品牌在高考期间发布的营销短视频进行构思，要求通过情感渲染达到营销效果，请写出大致的拍摄提纲。